신도시의 새로운 패러다임:
6차 산업과 콤팩트 시티

부제 : 수도권 집중과 고령사회 해법을 찾아서

지은이 | 장계황 · 김종선

신도시의 새로운 패러다임: 6차 산업과 콤팩트 시티
부제 : 수도권 집중과 고령사회 해법을 찾아서

초판발행	2025년 10월 15일
지은이	장계황 · 김종선
펴낸이	한국역사영토재단
디자인	나루터
펴낸 곳	한국역사영토재단
주소	서울시 종로구 북촌로 67-7
전화	010-2260-3695
팩스	02-766-2697
메일	ckh0502@naver.com
등록	2019년 3월 29일(제2019-000037)
정가	25,000원

ⓒ장계황. 2016 All Rights Reserved.
Printed in Seoul Korea

ISBN 979-11-965132-6-9(03350)

지은이 | 장계황·김종선

신도시의 새로운 패러다임

6차 산업과 콤팩트 시티

수도권 집중과 고령사회 해법을 찾아서

 한국역사영토재단

_____ 惠存

_____ 드림

공부는 내 인생에 대한 예의이다

(저자)

北村 장계황

영토학자 장계황은 남명학(南冥學)을 연구하고 실천하는 사상가이자 철학자이다. 그는 조선 중기의 대학자 남명 조식(曺植, 1501-1572)의 학문 전통을 현대적으로 계승하면서, 이론과 실천을 분리하지 않는 '지행합일(知行合一)'의 학문적 윤리를 바탕으로 북촌학파(北村學派)를 이끌고 있다. 남명학이 도덕적 실천과 경세치용(經世致用)을 중시했다면, 장계황은 그 사유를 21세기의 문명 구조 속에서 재해석하여 실학과 문명 철학의 접점을 탐구하는 현대의 남명학자로 평가된다.

그의 학문은 모든 것을 '구조'로 본다. 즉, 현상과 제도, 인간과 사회, 역사와 문명 모두는 구조로 이루어져 있으며, 그 구조의 인과를 해명함으로써 진리를 탐구할 수 있다는 신념이다. 이로써 그는 '구조론(構造論)'이라는 독자적 철학 체계를 수립하였다.

장계황의 구조론은 단순한 분석 틀이 아니다. 그는 구조를 존재론적 층위와 인식론적 층위로 나누어 탐구한다. 존재론적 구조는 감계주의(感界主義)에 기초한 닫힌구조로서, "현재는 모든 과거의 필연적 산물이며, 모든 미래의 필연적 원인이다"라는 시간 철학을 담고 있다. 이는 '시간의 켜'가 쌓여 '시간의 두께'로 형성되는 존재의 구조를 해석하는 철학적 시도이다.

반면 인식론적 구조는 메타인지(meta-cognition)를 중심으로 한 열린구조이다. 이는 표면이 아닌 이면을 해석하고, 현상 너머의 본질을 사유하려는 자기 성찰적 인식의 구조를 말한다. 그에게 학문은 외부의 세계를 기술하는 일이 아니라, 인간의 인식이 스스로를 성찰하여 구조의 본질에 도달하는 과정이다.

이러한 철학적 토대 위에서 그는 영토학(領土學)을 창안하였다. 영토학은 단순히 국가 경계나 국제법상의 개념을 다루는 학문이 아니라, 존재론적 영토(땅의 존재), 인식론적 영토(역사의 자각), 문화적 영토(정신의 주권)를 포괄하는 종합학문이다. 장계황의 영토학은 도시계획학·부동산개발학·지역학·문화학을 아우르며, '영토는 문화의 공간이며, 문화의 주인이 영토의 주인이다'라는 명제를 학문적으로 증명한다.

학문적 개척과 구조적 문제의식의 전개
　　장계황 교수는 한평생을 "학문과 실천의 다리"를 놓는 데 헌신해 왔다. 그것은 사상가이자 실천가, 학문적 개척자이자 개발자로서 한국 사회의 새로운 비전을 제안하는 여정이었다. 21세기 대한민국은 영토와 정체성, 자본과 소비, 주거와 개발, 역사와 근대성 등 다층적 과제를 동시에 안고 있다. 이러한 문제는 단일 학문영역의 틀 안에서 해명하기 어렵다. 따라서 학문 간 경계를 넘나드는 융합적 접근이 요청되며, 장계황 교수의 학문적 궤적은 바로 그 응답의 한 사례라 할 수 있다. 그의 연구는 크게 네 가지 축에서 전개되어 왔다.

첫째, 영토학(territorial studies)의 정립이다.
　　그의 간도 연구, 연해주·만주 연구, 독도 문제, 한러공생론 해양영토론 등은 단순한 영토 분쟁 담론을 넘어 한국 근대사의 주체성과 국제질서 속의 위치를 재정의하려는 시도였다. 이는 영토학을 하나의 독립된 학문영역으로 확립한 학문사적 개척이라 평가된다.

둘째, 개발학과 실천적 지식의 연결이다.
　　무주리조트, 앙성리조트, 6차 산업단지 모델 등 실제 개발 프로젝트를 '경제 행위의 현장'이 아닌 '학문적 실험의 장'으로 전환시켰다. 그는 학문이 실천으로, 실천이 다시 학문으로 환류되는 순환구조를 제시함으로써, 지식의 실용성과 철학의 내면성을 결합시켰다.

셋째, 소비자행태론의 선구적 전개이다.

그는 전통적 STP(Segmentation-Targeting-Positioning) 이론을 넘어, 소비자를 단순한 경제적 행위자가 아닌 문화적·심리적 주체로 정의하였다. 그 결과, 한국 소비자학 연구는 시장 중심적 접근에서 인간 중심적 구조 해석으로 진화하였다.

넷째, 역사인식론의 재구성이다.

'1880년 근대화 원년론', '해방공간 갈등사', '노론 권력사' '매판 구조론' '구조론적 시각에서의 선도사상' 등은 사대사관과 식민사관을 넘어서는 대안적 역사 패러다임을 제시한다. 그는 근대화의 출발점을 1880년으로 재설정함으로써, 한국 근대사의 자생적 구조를 밝히고, 식민근대화론의 허구를 해체하였다. 이로써 그는 역사인식론을 미래학적 인식론으로 확장시켰다.

결국 장계황 교수의 학문적 궤적은 "한국 사회의 구조적 과제를 학문적으로 해석하고, 이를 실천적 모델로 제시하는 지적 기획"으로 요약된다. 그의 연구는 철학적 사유와 현장 경험, 이론적 분석과 정책적 제언을 종합하는 '통합학문'의 실험장이며, 이는 한국 학계에서 보기 드문 독창적 시도로 평가된다.

그의 사상은 한마디로 "사유하는 실천, 실천하는 사유"다. 그는 학문을 삶으로, 철학을 행동으로, 영토를 문화로 승화시키며 "지식은 구조를 만들고, 구조는 미래를 설계한다."라는 신념으로 오늘도 새로운 문명학의 길을 열어가고 있다.

覺永堂 學人
北村 장계황

北村 장계황 저자 장계황은 행정학 박사이며, 2024년 현재 국제뇌교육종합대학원대학교 지구경영학과 국토관리 전공 교수로 재직 중에 있으며, 한국역사영토재단 이사장이다.

저자

天談 김종선
도시계획전문가

남명학(南冥學)의 정신과 6차 산업 전도사로서의 길

    김종선은 학문과 현장의 다리를 놓는 도시계획가이자 실천가이다. 그는 은평구 의회 의장으로 활동하며, 지역의 도시계획에 깊숙이 관여해 주민이 체감하는 변화를 이끌어냈다. 살기 좋은 은평구를 만드는 과정에서 그는 행정, 예산, 그리고 주민 참여를 하나의 유기적 구조로 엮어내며 지방자치의 진정한 의미를 구현하였다.

    김종선의 이력은 도시와 재정을 아우르는 독창적 기반 위에 서 있다. 국세청 근무 경험을 바탕으로, 그는 도시를 계획하는 데 있어 자금 조달과 재원 배분의 구조를 누구보다 깊이 이해하였다. 이는 곧 도시계획이 단순히 물리적 공간을 설계하는 일이 아니라, 재정·정책·주민 생활을 총체적으로 조직하는 과정임을 보여주는 실천적 지혜였다.

    그의 사상과 실천의 중심에는 '6차 산업'이 있다. 농업·관광·주거·복지·의료·문화가 융합된 새로운 산업 구조 속에서, 김종선은 한국 사회의 고령화·주거복지·노인 일자리 창출 문제를 풀어갈 비전을 제시한다. 그는 스스로를 6차 산업의 전도사라 칭하며, 국토의 균형발전과 인구 분산 정책을 현실화하는 데 헌신하고 있다.

    또한 그는 기독교 신앙을 삶의 근간으로 삼아 목회 활동과 연구를 병행한다. 이는 단순한 종교적 헌신이 아니라, 도시와 사회를 섬기는 지도자로서의 실천적 윤리의 표현이다. 김종선에게 도시계획은 곧 인간을 위한 봉사이며, 신앙과 학문, 실천은 하나의 길 위에서 만난다.

    그의 연구와 활동은 장계황 박사와의 협업 속에서 더욱 풍부해지고 있다. 장 박사의 영토학적 문제의식과 개발학적 실천이 김종선의 도시계획적 안목과 결합하면서, 두 사람은 한국 사회의 구조적 과제를 풀어가는 '남명학의 후예'로 자리매김한다. 그들의 학문적 여정은 곧 한국 사회가 직면한 주거·산업·복지 문제에 대한 총체적 해법을 모색하는 지적 기획이다.

결국, 김종선의 궤적은 이렇게 요약된다.

"도시를 학문적으로 해석하고, 신앙으로 봉사하며, 6차 산업으로 미래를 설계하는 실천적 지식인."

그는 한국 도시계획의 현장에서, 그리고 사회적 약자의 삶을 위한 연구 속에서, 학문과 실천, 신앙과 정책을 결합하는 드문 지식인의 길을 걸어가고 있다.

목차

프롤로그	17

제1부
한국 사회의 구조적 위기

제1장 수도권 집중의 역사와 현실	23
1절 1·2·3기 신도시 정책의 흐름	23
2절 지방 공동화와 인구 불균형	28
3절 수도권 주택가격 폭등의 메커니즘	32
제2장 베이비부머 세대와 자산 가난	40
1절 베이비부머 세대의 은퇴와 소득 단절	40
2절 주택 중심 자산 구조의 함정 (자산 가난의 경제학)	46
3절 금융 부채와 이자 부담의 그림자	51
4절 고령사회의 사회안전망 취약성	55
5절 종합 평가: 베이비부머, 한국형 노후 빈곤의 상징	59
제3장 인구구조 변화와 가구 분화의 파급효과	63
제4장 지방 공동화와 국토 불균형의 심화	67

01

제5장 회안전망의 붕괴와 한국형 노후 빈곤　72
1절　한국 사회의 사회안전망 개념과 역사적 배경　72
2절　연금 제도의 한계와 노후 빈곤　75
3절　돌봄·의료·주거 안전망의 붕괴　78
4절　한국형 노후 빈곤의 구조적 특성　81
5절　종합 평가: 베이비부머, 한국형 노후 빈곤의 상징　84

제2부 6차 산업단지의 구상

제1장 6차 산업의 개념과 한국형 적용 가능성　91
1절　6차 산업의 정의와 이론적 배경　91
2절　한국 농업·농촌의 현실과 고령사회에서의 활용 가능성　94
3절　스마트팜, 스마트팩토리, 농촌 관광 융합 모델　97
4절　일자리 창출과 고령층 경량 노동 모델　100
5절　종합 평가: 한국형 6차 산업의 잠재력　103

제2장 콤팩트 시티의 철학과 설계 원리　107
1절　콤팩트 시티 개요　107
2절　콤팩트 시티 개념과 역사적 기원　110
3절　한국 도시계획과의 접점　111
4절　산지형 국토와 콤팩트 시티의 가능성　112
5절　종합 평가: 삶의 질을 설계하는 도시　112

제3장 6차 산업 × 콤팩트 시티 결합 모델　114
1절　생활·생산 자립형 신도시의 구조　114
2절　주거·노동·소득·관계의 통합 설계　115
3절　500~2000세대 규모 콤팩트 단위 실험　115
4절　관광·학습·콘텐츠 산업과 외부 연계　116
5절　종합 평가: 신도시 패러다임의 전환　117

제2부
6차 산업단지의 구상

제4장 실행 전략과 정책적 과제 — 118
  1절 제도적 기반: 토지·재원·법제 설계 — 118
  2절 재원 조달 모델: 공공·민간 파트너십 — 119
  3절 사회적 합의 형성: 지역 주민·청년·고령층 참여 — 119
  4절 지방과 수도권의 상호 보완 구조 — 120
  5절 종합 평가: 지속 가능한 신도시 정책 — 121

제5장 스마트팜과 고령층 일자리 — 122
  1절 수경재배·스마트팜의 장점 — 122
  2절 농업의 교육·관광 자원화 — 125
  3절 은퇴 세대를 위한 노동 설계 — 128

제6장 스마트팩토리와 제조 혁신 — 132
  1절 소규모 자동화 공장의 가능성 — 132
  2절 농산물 가공과 지역 특산품 산업화 — 135
  3절 기술 기반의 2차 산업 활성화 — 138

제7장 관광·서비스 산업과 콘텐츠 — 141
  1절 관광유원지화된 산업단지 — 141
  2절 호텔·펜션·테마파크 연계 — 144
  3절 학습장·체험형 도시 모델 — 146

02

제3부 콤팩트 시티의 비전

제1장 콤팩트 시티의 이론과 세계 사례 ... 153
1절 유럽·일본의 콤팩트 시티 정책 ... 153
2절 압축도시와 지속가능성 ... 154
3절 한국 적용의 시사점 ... 155

제2장 산지 활용과 한국형 입지 모델 ... 157
1절 국토의 70% 산지 활용 방안 ... 157
2절 10~30만 평 규모 모델 ... 158
3절 500~2000세대 유닛 단위 설계 ... 159

제3장 공동체와 생활 혁신 ... 161
1절 공동취사·공동돌봄 시스템 ... 161
2절 여성 가사노동 해방 구조 ... 162
3절 도심-신도시 간 상생 네트워크 ... 163

제4부 실행 전략과 정책 대안

제1장 수도권 분산과 국토 균형발전 ... 167
1절 신도시 패러다임 전환 ... 167
2절 지방 활성화 전략 ... 169
3절 교통·물류·에너지 연계 방안 ... 170

제2장 금융·투자 모델 ... 173
1절 베이비부머 자산의 전환 ... 173
2절 사회적 금융·펀드 모델 ... 175
3절 공공-민간 파트너십(PPP) ... 178

제3장 제도·정책적 과제 ... 181
1절 도시계획·국토계획법 개선 ... 181
2절 농지·산지 규제의 재설계 ... 184
3절 정부·지자체·민간의 역할 분담 ... 187

제5부 미래 전망과 결론

05

제1장 한국형 신도시 모델의 글로벌 확산 … 193
- 1절 동북아 적용 가능성(중국·몽골·러시아) … 193
- 2절 개발도상국 도시정책과의 접점 … 194
- 3절 K-Compact City 브랜드화 … 194

제2장 신도시의 새로운 패러다임 … 195
- 1절 주거+일자리+복지의 결합 … 195
- 2절 고령사회·수도권 집중의 해법 … 195
- 3절 미래 도시 비전과 남겨진 과제 … 196

에필로그 … 198

프롤로그

1. 집은 있는데 삶이 없다

대한민국은 지난 30여 년 동안 쉼 없이 '주택 공급의 시대'를 걸어왔다. 정부는 주거 안정이라는 명분 아래 1기 신도시(분당·일산·평촌·중동·산본), 2기 신도시(판교·동탄·위례·김포 한강 등), 그리고 최근의 3기 신도시까지 차례차례 계획하고 건설했다. 도시 외곽의 스카이라인은 아파트 단지의 윤곽으로 바뀌었고, 지도에는 새로운 생활권이 속속 등장했다. 주택보급률은 이미 100%를 넘어섰고, 숫자만 놓고 본다면 "집은 충분하다"는 진단이 가능하다.

그러나 우리가 매일 마주하는 현실은 이와 다르다. 젊은 세대는 내 집 마련의 꿈을 미루고, 은퇴한 세대는 집을 가지고 있음에도 생활은 팍팍하다. 신도시는 분명히 주택을 공급했지만, 사람들의 삶을 풍요롭게 하지 못했다. 집은 늘었으나, 그 집 속의 일상은 가벼워지지 않았다. 교육비, 주거비, 돌봄 비용은 오히려 늘어났고, 공동체적 관계망은 점점 희미해졌다. 도시는 물리적 공간만 공급했을 뿐, 삶을 지탱할 소득·돌봄·관계를 함께 설계하지 못했다. 이 모순은 한국 도시정책의 뿌리 깊은 한계를 드러낸다.

2. 수도권 패러독스

　정책 당국은 늘 수도권 집값을 안정시키기 위해 공급을 늘려왔다. 그러나 대규모 공급이 진행될수록, 오히려 더 많은 사람들이 수도권으로 몰려들었다. 왜일까? 서울과 수도권에는 다른 지역이 따라올 수 없는 집중 요소가 있다. 일자리와 교육, 의료와 문화, 교통망과 정보 네트워크가 모두 수도권에 모여 있다. 주택이 새롭게 공급되면, 사람들은 그것을 '거주의 기회'가 아니라 '삶의 기회'로 해석한다. 공급 신호는 곧바로 인구 유입 신호로 바뀌고, 이는 다시 가격 상승의 요인이 된다. 이것이 바로 '수도권 패러독스'다. 집을 많이 지을수록 가격이 안정되는 것이 아니라, 오히려 수도권 집중을 강화하는 역설이 벌어진다. 지방은 인구를 빼앗기고, 수도권은 과밀의 비용을 치른다. 교통 혼잡, 미세먼지, 전세난과 같은 문제는 여기에 뿌리를 둔다. 공급 만능주의는 결국 파산했다. 주택 공급의 확대만으로는 수도권과 지방의 구조적 불균형을 해소할 수 없다.

3. 베이비부머의 자산 가난

　이제 한국 사회는 베이비부머 세대의 은퇴라는 또 다른 과제에 직면했다. 그들은 산업화와 도시화의 주역이었고, 열심히 일해 집 한 채를 마련했다. 그러나 은퇴 이후 그 집은 더 이상 든든한 자산이 아니다. 집은 분명히 '자산'이지만, 현금흐름을 만들어 내지 못하기 때문이다.

　서울 아파트 한 채를 가지고 있어도, 실제 생활비는 매달 부족하다. 관리비와 세금은 꾸준히 나가고, 대출 이자 부담은 은퇴 후에도 사라지지 않는다. 은행 잔고는 빠르게 줄어들고, 자식 세대의 지원은 기대하기 어렵다. 결과적으로 **'자산 부자, 소득 가난'**이라는 아이러니한 상황이 생긴다. 베이비부머 세대는 집을 가지고 있음에도 생활은 빈곤하다. 이는 개인의 문제가 아니라 도시정책과 사회안전망 설계의 실패가 빚어낸 집단적 문제다.

4. 산지국가의 기회

한국 국토의 70%가 산지라는 사실은 오랫동안 개발의 제약 요인으로만 여겨졌다. 도시계획은 평지와 평야를 중심으로 짜였고, 산지는 규제와 보존의 영역으로 남았다. 그러나 발상의 전환이 필요하다. 산지는 이제 단점이 아니라 자산이 될 수 있다.

교통 인프라와 디지털 네트워크가 전국을 연결하는 지금, 산지는 더 이상 외딴곳이 아니다. 산지의 경관과 기후, 농업 기술, 관광 자원은 결합할 때 새로운 가치를 창출할 수 있다. 일본 나가노현이나 오스트리아 알프스의 소도시들이 농업·관광·휴양을 결합하여 지역경제를 살린 사례는 이를 잘 보여준다. 한국에서도 산지는 스마트팜·에코리조트·체험관광과 같은 신산업을 수용할 수 있는 '잠재력의 보고'다. 산지형 콤팩트 시티는 작은 면적에 다양한 기능을 밀도 있게 담아, 기존 도시권·관광권과 상호 보완 관계를 형성할 수 있다.

5. 6차 산업 × 콤팩트 시티

이 책이 제안하는 해법은 명확하다. 1차 산업(농업) + 2차 산업(가공·제조) + 3차 산업(관광·서비스)을 결합한 '6차 산업'을, 근접성·복합성·고밀성에 기반한 '콤팩트 시티'와 연결하는 것이다.

이 신도시는 단순히 잠만 자는 '침실도시'가 아니다. 일자리·소득·돌봄·관계를 함께 설계하는 생활·생산 자립형 도시다. 스마트팜은 고령층의 경량 노동을 제공하고, 스마트팩토리는 소규모 자동화 제조를 가능케 한다.

관광·문화 서비스는 외부 수요를 끌어들여 내부 소득과 외부 매출의 이중 엔진을 만든다. 이곳은 주택 공급지가 아니라 삶의 플랫폼이다. 도시와 농촌, 젊은 세대와 노년 세대, 내부 주민과 외부 방문자가 함께 순환하는 구조를 담아낸 새로운 도시 모델이다.

6. 독자에게 드리는 안내

이 책은 세 가지 단계를 거쳐 전개된다. 첫째, 수도권 집중과 고령사회의 문제를 정확히 진단한다. 둘째, 6차 산업과 콤팩트 시티라는 한국형 해법을 구조적으로 제시한다. 셋째, 이를 실현할 수 있는 정책·재원·운영 모델을 실행 전략으로 설계한다.

각 장의 말미에는 핵심 요약 박스를 배치하여 독자가 내용을 쉽게 정리할 수 있도록 했다. 부록에는 즉시 활용할 수 있는 도식·체크리스트·재원조달 템플릿을 실어 실무와 학문을 동시에 충족하도록 구성했다.

이 책이 겨냥하는 목표는 단순하다. 주택 공급의 시대를 넘어, 삶을 설계하는 도시의 시대를 여는 것이다. 독자 여러분은 이 책을 통해 "집은 있는데 삶이 없는 한국"을 넘어설 새로운 패러다임을 만나게 될 것이다.

 핵심 요약 박스 – 프롤로그

- 공급 중심 신도시는 수도권 과밀과 지방 공동화를 심화시켰다.
- 베이비부머의 '자산 가난'은 현금흐름 설계 부재에서 비롯한다.
- 한국의 산지는 제약이 아니라 잠재력이다.
- 해법은 '6차 산업 × 콤팩트 시티'의 결합, 즉 생활·생산 자립형 신도시다.

제1부

한국 사회의 구조적 위기

01

한국
사회의
구조적 위기

제1장
수도권 집중의 역사와 현실

1절
1·2·3기 신도시 정책의 흐름

1) 1980년대 말, 집값 폭등과 정책 전환

한국전쟁으로 인구 증가 없이 nsus을 지내다, 전쟁이 멈추자 인구가 급등했다. 1953년에 전쟁이 끝나고 1955년에 인구가 급등하여 1963년까지 증가율이 높았다. 이 시기에 태어난 인구를 베이비부머 세대라고 한다. 이 베이비부머 세대가 결혼을 하면서 주거 문제가 발생학 된다. 1980년대 후반, 서울은 전례 없는 집값 폭등에 휩싸였다.

- 1985~1988년 서울 아파트 평균 매매가격은 두 배 이상 상승.
- 강남의 일부 아파트 단지는 3년 사이 3~4배 상승.
- 당시 신문은 "서민의 내 집 마련 절망", "투기 광풍에 젊은 세대 탈출구 없다"라는 제목으로 가득했다.

주택난은 단순한 시장 문제가 아니었다. 민주화 이후 불안정한 정치 상황에서, 주택은 사회 불만의 뇌관이었다. 노태우 정부는 이를 체제 안정과 직결된 문제로 보았고, 1989년 '200만 호 주택 건설 계획'을 발표했다. 이 중 핵심은 수도권 과밀을 분산하고 집값을 잡기 위한 1기 신도시 개발이었다.

2) 1기 신도시: 분당·일산·평촌·중동·산본의 실험

① 분당 – 서울 강남과 가까운 입지 덕분에 '제2의 강남'으로 불렸으며, 초기부터 중산층 이상이 몰렸다. 그러나 입주 초기 주민들은 서울행 버스를 타고 하루 평균 왕복 3시간 이상을 소모했다. "분당 지옥버스"라는 신조어는 당시 시민 생활을 상징했다.

② 일산 – 북부 대표 신도시로, 서울 접근성이 떨어져 한때 미분양 사태를 겪었다. 하지만 이후 파주·고양 개발과 자유로 확충으로 성장세를 탔다.

③ 평촌·중동·산본 – 상대적으로 규모가 작았고, 자족 기능이 거의 없었다. 주민들은 철저히 서울로 출퇴근했고, 신도시는 거대한 '침실도시'로 고착되었다.

📰 **당시 언론 인용 (1992년)**

> "분당 사람은 아침에 서울로 가서 저녁에 돌아와 잠만 잔다. 일산 사람은 두세 번 환승하며 하루의 절반을 길에서 보낸다. 신도시는 도시가 아니라 거대한 수면실이다."

- 효과 : 단기적으로 1991~1992년 서울 집값 상승세는 진정되었다.
- 한계 : 장기적으로는 투기 심리만 강화되었다. 집을 가진 사람은 시세차익을 기대했고, 집을 사지 못한 사람은 불안감에 더 적극적으로 아파트를 추격했다.

3) 2기 신도시 : 자족 기능을 꿈꿨지만

2000년대, 김대중·노무현 정부는 다시 공급 확대를 추진했다. 이번에는 '자족 기능'을 내세웠다.

대표 사례 – 판교

- 판교는 IT 기업·벤처기업을 유치하는 테크노밸리를 함께 설계했다. 결과적으로 판교는 한국의 실리콘밸리라 불리며 산업·주거를 부분적으로 결합했다. 그러나 동시에 '판교 로또 아파트'라는 신조어가 생겼다. 분양권 프리미엄은 수억 원에 달했고, 자족 기능 신도시조차 투기 대상으로 변질되었다.
- 동탄 – 서울 대체 주거지라 불렸으나, 교통망 부족으로 입주민들의 불만이 폭발했다. "서울로 가는 길을 뚫어 달라"는 집단 시위가 여러 차례 벌어졌다.
- 위례 – 서울과 가까웠지만, 초기엔 상권이 형성되지 않아 주민들의 불편이 심했다. 결국 서울에 의존하는 전형적 베드타운이 되었다.
- 김포 한강 – 인천공항·서부권과의 연계를 강조했지만, 서울 출퇴근에는 한계가 뚜렷했다.

■ 종합적으로, 2기 신도시는 1기보다 인프라가 나아졌으나 서울 중심 구조를 바꾸지 못했다.

4) 3기 신도시: 기대와 불신의 교차

2018년 이후 정부는 또다시 공급 확대를 꺼냈다.

- 대표지: 남양주 왕숙, 하남 교산, 고양 창릉, 부천 대장.
- GTX(광역급행철도) 등 교통망 확충을 전제로 "서울 접근 시간을 대폭 단축"을 약속했다.

그러나 시장 반응은 달랐다.

- 발표 직후 청약 경쟁률은 수백 대 1에 달했다.
- 아직 삽도 뜨지 않았는데 분양권 프리미엄은 급등했다.

사람들은 정부의 공급 발표를 '가격 안정 신호'가 아니라, 오히려 '투기 신호'로 해석했다. 3기 신도시는 건설 전부터 기대와 불신이 교차하는 상징이 되었다.

5) 해외 비교: 일본 다마 뉴타운과 영국 뉴타운

일본 다마 뉴타운
- 1960년대 도쿄 외곽에 건설된 대규모 신도시.
- 초기에는 과밀 분산 효과가 있었지만, 곧 베드타운화.
- 현재는 고령화와 빈집 증가로 골칫거리가 되었다.

영국 뉴타운 정책
- 2차 세계대전 이후 런던 과밀 해소를 위해 추진.

주택은 늘었지만 일자리를 담지 못해 결국 런던 의존 심화.

> ■ 공통 교훈: "주택만으로는 도시가 완성되지 않는다." 일자리·문화·교통이 함께 설계되지 않으면 신도시는 침실도시에 머무른다

6. 도표 요약 – 1·2·3기 신도시 비교

구분	시기	대표 신도시	규모 (세대)	특징	한계
1기	1989~	분당·일산·평촌·중동·산본	29만	최초의 대규모 계획 도시, 단기 집값 안정	자족 기능 부재, 출퇴근 지옥
2기	2000~	판교·동탄·위례·김포 한강	30만+	자족 기능 시도(판교 성공)	대부분 베드타운, 투기화
3기	2018~	왕숙·교산·창릉·대장	30만+	교통망(GTX) 강조	투기 신호, 기대·불신 교차

7. 종합 평가

1기 신도시는 공급의 상징, 2기 신도시는 자족의 실험, 3기 신도시는 안정의 환상이었다. 그러나 공통점은 분명하다.

- 신도시는 늘 서울에 종속되었고,
- 수도권 집중을 완화하지 못했으며,
- 오히려 더 많은 인구를 수도권으로 끌어들였다.

핵심 요약 박스 - 1절

- 1기 신도시는 단기 집값 안정 효과는 있었으나, 침실도시로 고착되었다.
- 2기 신도시는 자족 기능을 실험했으나, 서울 중심 구조를 바꾸지 못했다.
- 3기 신도시는 가격 안정책이 아니라, 투기 신호로 작용했다.
- 해외 뉴타운 사례 역시 '주택 공급=문제 해결'이라는 도식의 한계를 보여준다.

2절
지방 공동화와 인구 불균형

1) 인구 이동의 역사적 흐름: 떠나는 사람들, 텅 비는 고향

한국의 지방 공동화는 갑자기 시작된 현상이 아니다. 1960년대 산업화의 초입부터 이미 농촌과 지방 소도시는 사람을 잃기 시작했다. 1960년 당시 수도권 인구는 전체의 약 28%였지만, 1990년에는 42%, 2020년에는 드디어 절반을 넘어섰다. 단순한 비율의 증가는 사실상 수도권이 국가의 중심이자 표준으로 굳어졌음을 의미한다.

지방 청년들은 대학과 취업, 결혼과 양육이라는 인생의 관문마다 수도권을 선택했다. "서울 가면 성공한다"는 믿음은 단순한 꿈이 아니라 생존 전략이었고, 고향은 더 이상 돌아올 수 없는 발원지가 되었다. 이렇게 떠난 사람들은 명절에만 일시적으로 귀향할 뿐, 생활 기반을 수도권에 구축했다. 지방은 돌아오지 않는 흐름의 출발점이 되어 버렸다.

2) 교육과 청년의 수도권 집중: 미래의 씨앗이 뽑혀 나가다

지방 공동화의 가장 극적인 무대는 학교다. 중학교 3학년 담임교사가 아이들에게 진학 희망 대학을 묻는 순간, 절반 이상의 답은 서울과 수도권에 위치한 대학 이름으로 채워진다. 지역 대학에 진학한 학생들조차도 편입이나 대학원 진학 시점에는 수도권을 고려한다.

그 결과 지방의 대학은 학생 모집에 어려움을 겪고, 결국 학과 통폐합과 정원 감축으로 이어진다. 초·중·고교도 예외가 아니다. 학생 수가 줄어든 학교는 과목이 축소되고, 비교과 활동도 위축된다. 아이가 사라진 마을은 곧 미래의 시간을 잃는다. 서점과 학원이 문을 닫고, 청소년을 대상으로 한 가게들은 사라진다. '아이의 부재'는 지역 경제의 가장 강력한 불황 신호가 되었다.

3) 의료·돌봄 서비스의 붕괴: 삶의 기본이 무너지는 현장

지방에서 아이를 낳는 일은 이제 사적 기쁨이 아니라 공적 인프라의 모험이다. 분만 가능한 산부인과가 도 단위에 몇 곳 남지 않은 지역에서 임신은 위험을 감수해야 하는 사건이 되었다. 응급실까지의 이동 시간은 환자의 생사를 가르지만, 심야의 구급차는 시·군 경계를 넘어 수십 킬로미터를 달려야 한다.

고령층은 만성질환 관리와 돌봄이 필수적이지만, 방문 간호와 요양시설은 인력난에 시달린다. 돌봄의 공백은 자녀 세대의 이주 결정을 더욱 가속한다. 지방의 생활은 표면적으로는 집값이 저렴하지만, 실제로는 의료와 돌봄의 부족이라는 숨은 비용을 요구한다.

4) 지역 경제와 일자리의 악순환: 떠나는 청년, 사라지는 시장

제조업의 자동화와 수도권 집중은 지방 경제의 기반을 허물었다. 한때 지역을 떠받치던 중소공장은 원가 절감을 위해 수도권 물류축으로 이전하거나, 인력을 최소화하는 스마트 라인으로 전환했다. 남아 있는 일자리는 단시간·저임금·고강도라는 삼박자를 갖추었다.

이러한 환경에서 "일자리가 없다"는 말은 단순히 자리가 부족하다는 의미가 아니다. 삶을 설계할 만한 임금과 경력의 사다리가 없다는 뜻이다. 청년들이 정착 대신 이주를 선택하는 이유는 여기 있다.

5) 주거와 자산 가치의 격차: 동일한 집, 다른 운명

수도권의 아파트는 은행 대출의 담보가 되고, 시세 상승을 통해 자산으로 기능한다. 반면 인구가 줄어드는 지방의 주택은 거래가 드물고, 담보 가치가 낮다. "마지막 거래가 2년 전"인 아파트 시세는 실감과 동떨어진 채 남아 있고, 은행은 대출을 꺼린다.

결과적으로, 수도권 주택은 부의 사다리지만, 지방 주택은 부채적 성격을 띠게 된다. 지방 소상공인은 낮은 담보가치 때문에 투자 기회를 상실하고, 지역 경제는 새로운 시도를 하지 못한 채 위축된다. 금융의 혈관이 굳어지면, 지역은 더 빠르게 냉각된다.

6) 지방자치단체 재정과 공공 서비스 축소: 닫혀가는 생활권

인구가 줄어들면 세수는 감소한다. 지방 소비세와 취득세가 줄고, 중앙 정부의 교부세에 대한 의존은 커진다. 이 과정에서 지방정부는 장기 투자 대신 단기 집행 위주의 사업을 선호하게 되고, '보여주기식 성과'에 치중한다.

버스 노선은 단축되고 배차 간격은 늘어난다. 문화시설은 휴관일을 늘리고, 도서관은 야간 운영을 포기한다. 물리적 거리는 변하지 않았지만, 심리적 거리는 멀어졌다. 생활권은 점점 안쪽으로 움츠러들며, 주민들의 세계는 작아지고 단절된다.

7) 해외 비교와 교훈: 일본의 그림자, 프랑스의 가능성

일본은 도쿄 일극 집중 속에서 '지방 소멸'이라는 말을 가장 먼저 현실로 경험했다. 2018년 기준 일본의 빈집(空き家)은 900만 호를 넘어섰다. 지방은 고령화와 공동화로 시름하고 있고, 중앙정부의 '지방창생' 정책도 한계를 드러냈다.

반면 프랑스는 파리 집중 현상이 있음에도, 중소 도시 네트워크를 유지하며 지방 균형 발전을 달성했다. 고속철도(TGV)는 파리와 지방을 연결하면서, 지방도 일정한 자족 기능과 문화적 자존심을 유지했다.

한국은 일본과 유사한 길을 걷고 있지만, 아직 방향을 틀 수 있는 가능성이 있다.

8) 종합 평가: 머무는 시스템을 설계해야

지방 공동화와 인구 불균형은 단순히 "지방이 약하다"는 문제가 아니다. 수도권 주택난, 세대 간 불평등, 국가 재정 압박과 맞물려 국가적 구조 문제로 귀결된다.

해법은 단순한 "인구 유입 캠페인"이 아니다. 사람은 집의 수에 비례해 오지 않는다. 안전·돌봄·일자리·교육·문화·교통이 함께 작동해야만 정착이 가능하다. 이제는 질문을 바꿔야 한다. "어떻게 데려올 것인가"가 아니라, "어떻게 머물게 할 것인가"로.

3절
수도권 주택가격 폭등의 메커니즘

1) 단순한 공급 부족으로 설명되지 않는 현상

수도권 집값 폭등은 흔히 "공급이 부족하기 때문"이라는 단순한 설명으로 치부된다. 그러나 주택보급률은 이미 2010년대 초반 전국 기준 100%를 넘어섰음에도, 가격은 계속 치솟았다. 이는 공급 부족이라는 양적 요인보다 수요를 늘리는 구조적 요인이 더 강력하게 작용하기 때문이다.

특히 주목해야 할 것은 가구분화다. 인구가 정체하거나 줄어드는 상황에서도, 가구 수는 오히려 폭발적으로 늘었다. 1955년 1가구당 평균 인원은 5.88명이었지만, 2020년에는 1.85명으로 줄었다. 한 집에 여러 세대가 함께 살던 시절에서, 이제는 혼자 혹은 부부 중심으로 사는 시대로 바뀐 것이다.

이 변화는 단순한 문화적 선호가 아니라 사회 구조 전반의 흐름과 맞닿아 있다. 자녀의 독립, 부부의 이혼, 유학과 취업으로 인한 별거, 고령층의 단독 생활 등으로 인구 수는 그대로인데 가구 수는 늘어나는 현상이 바로 가구분화다. 결과적으로 공급량이 늘어도, 가구분화 속도가 공급 속도보다 빠르기 때문에 늘 주택은 부족하게 된다. 이는 "공급=안정"이라는 도식을 무력화시키는 가장 중요한 구조적 원인 중 하나다.

2) 입지 프리미엄: 일자리와 교육, 문화의 독점

서울과 수도권은 국가의 정치·경제·문화적 중심지를 사실상 독점하고 있다. 대기업 본사의 70% 이상이 수도권에 위치하고, 세계 순위권 대학으로 꼽히는 서울대·연세대·고려대 등도 모두 서울에 집중되어 있다. 대형 병원과 전문 의료 시설 역시 수도권에 편중되어 있으며, 뮤지컬·콘서트·국제

컨퍼런스 같은 문화 이벤트는 대부분 서울에서 열린다.

따라서 수도권의 아파트는 단순한 주거 공간이 아니라 '삶의 기회를 보장하는 티켓'이다. 청년 세대는 서울에 집을 가지는 것을 곧 교육·취업·사회적 네트워크 확보의 필수 조건으로 여긴다. 부모 세대는 자녀 교육을 위해 서울로 이주하고자 한다. 결과적으로 서울의 주택 가격은 건축비·토지 가격 이상의 사회적 프리미엄을 담는다.

1990년대 분당 신도시에서 시작된 '강남 따라잡기' 심리는, 2000년대 판교를 거쳐 2010년대 이후 마곡, 2020년대 3기 신도시에 이르기까지 반복된다. 결국 수도권 주택가격의 핵심 원인은 공급량이 아니라, 입지 가치의 집중과 그로 인한 희소성이다.

구분	전국 비중 중 수도권 비율	비고
대기업 본사 수	약 70%	서울 강남·여의도·광화문 집중
대학(상위 20개)	약 60%	서울대·연세대·고려대 등
500병상 이상 대형병원	약 65%	서울대병원, 삼성서울병원 등
주요 문화시설 (국립극장·미술관 등)	약 70%	대부분 서울에 소재

자료: 산업통상자원부, 교육부, 보건복지부, 문화체육관광부 종합

3) 금융 환경과 레버리지: 대출이 키운 집값

2000년대 이후 저금리 환경과 금융 자유화는 주택 가격 상승을 가속화했다. 한국의 가계부채는 2022년 기준 GDP의 105%에 달했는데, 그중 상당수가 주택담보대출이다. 주택 구매자는 단순히 저축한 돈으로 집을 사지 않는다. 대부분은 은행 대출이라는 레버리지를 활용한다.

"빚내서 집 사라"는 사회적 유행어가 2010년대에 탄생한 것도 이런 맥

락에서다. 당시 주택 가격 상승률은 연 5~10%였고, 대출 이자율은 2~3% 에 불과했다. 사람들은 대출이자를 감당하더라도 집값 상승분이 이를 상쇄하고도 남는다고 믿었다. 그 결과 주택은 거주의 대상이 아니라 가장 안전한 투자 상품으로 자리매김했다.

문제는 이러한 금융 구조가 시장의 불안을 증폭시킨다는 점이다. 가계 부채가 늘어날수록 사람들은 집값 하락을 더 두려워하게 되고, 이는 다시 가격을 지탱하는 심리적 방패가 된다. 금융과 부동산은 서로를 지탱하는 이중 구조를 형성하며, 결국 가격 상승을 가속한다.

4) 기대 심리: 가격은 다시 오른다

한국 사회에서 주택은 거의 유일하게 신뢰받는 자산 축적 수단이었다. 주식 시장은 변동성이 크고, 연금 제도는 불안정하며, 부동산 이외의 투자 수단은 대중에게 충분한 안정성을 보장하지 못했다. 이런 환경에서 주택은 "사면 반드시 오른다"는 기대 심리를 낳았다.

정부의 공급 정책조차도 안정책이 아니라 투기 신호로 작동했다. 2018년 3기 신도시 발표 당시, 분양권 전매 시장은 과열되었고 청약 경쟁률은 수백 대 1에 달했다. 사람들은 신도시 건설 계획을 "향후 인프라 확충과 교통망 개선"의 전조로 해석했고, 이는 곧바로 가격 상승 기대로 연결되었다.

연도	주요 단지	경쟁률
2002	판교 분양	평균 50:1
2010	광교 분양	평균 70:1
2021	위례 신도시 분양	평균 300:1
2022	인천 계양 3기 신도시	최고 500:1

결국 주택 가격은 실수요와 관계없이 기대 심리에 의해 상향 압력을 받는다. 한국의 집값 폭등은 경제학 교과서에서 설명하는 단순한 수요·공급 곡선으로는 설명되지 않는다. 그것은 기대가 만든 자기실현적 예언이다.

5) 가구분화: 늘 부족한 주택의 구조적 원인

수도권 주택 가격 상승의 이면에는 가구분화라는 사회 구조적 변화가 자리한다. 인구가 정체하거나 감소하는 시대에도 가구 수는 오히려 폭발적으로 늘었다.

1955년 1가구당 평균 인원은 5.88명이었다. 그러나 2020년에는 1.85명으로 줄었다. 이는 한 가구 안에 여러 세대가 함께 살던 시대에서, 이제는 혼자 살거나 부부 중심, 혹은 독립한 자녀 가구가 별도로 존재하는 시대로 전환되었음을 보여준다.

가구분화는 단순한 생활양식의 변화가 아니라, 주택 수요를 끊임없이 늘리는 인구 구조적 동력이다. 자녀가 성인이 되어 독립하면 새로운 주택이 필요하다. 부부가 이혼하면 두 채의 주거 공간이 요구된다. 자녀가 유학이나 취업으로 분가하면 또 다른 거처가 생긴다. 인구 총수는 변하지 않아도, 주택 수요는 가구 분화만큼 늘어나는 것이다.

이 현상 때문에 정부가 수십만 호를 공급하더라도, 공급 속도는 가구분화 속도를 따라잡지 못한다. 따라서 주택은 항상 부족하고, 가격은 구조적으로 상승 압력을 받는다. 수도권 주택시장이 만성적인 불안정 상태를 벗어나지 못하는 이유가 바로 여기에 있다.

6) 세대와 계층의 불평등: 기회를 독점하는 집

주택 가격 폭등은 단순한 경제 문제가 아니라 사회 불평등의 핵심 요인이 되었다.

- 청년 세대: 내 집 마련은 사실상 불가능해졌다. 서울의 아파트 중위가격은 청년 평균 연소득의 15배를 넘어섰다. '영끌(영혼까지 끌어모아 대출)'과 '빚투(빚내서 투자)'라는 단어는 이 세대의 절망을 반영한다.
- 기성 세대: 이미 집을 가진 세대는 시세 차익을 통해 자산을 불렸다. 부동산은 단순한 생활 기반이 아니라, 세대 간 부의 이전 장치가 되었다.
- 다주택자와 무주택자: 같은 사회 안에서 자산 격차가 구조화되었다. 집은 거주 권리의 상징이 아니라, 계층을 구분하는 경계선이 되었다.

이 격차는 단순한 재산 차이를 넘어 삶의 기회와 미래의 차이로 이어졌다. 집이 없는 청년은 결혼을 미루고, 출산을 포기하며, 장기적 생활 설계를 할 수 없다. 이는 한국 사회의 초저출산 문제와 직결된다. 7) 정책의 역설: 공급이 수요를 자극하다

여기서 가구분화의 효과는 다시 한 번 확인된다. 공급은 늘어나지만, 가구 수요는 더 빠르게 늘어나므로 안정 효과는 짧게 끝나고 다시 부족 상태가 된다. 공급 정책은 안정책이 아니라, 투기 기대와 결합해 오히려 수요를 자극한다. 정부가 "몇 만 호를 공급하겠다"고 발표해도, 이미 분화된 가구 수요를 따라잡지 못한다. 즉, 주택 공급의 절대량이 늘어도, 사회 내부에서 가구의 증가 속도가 더 빠르기 때문에 늘 부족이 발생한다. 이 점에서 공급 정책은 본질적으로 수요 압력을 해소하지 못한다.

구분	발표 시기	발표 전 1년 변동률	발표 후 2년 변동률
1기 신도시 (1989)	1988~89	15%	20%
2기 신도시 (2003)	2002~03	8%	12%
3기 신도시 (2018)	2017~18	5%	18%

1989년 1기 신도시 발표 직후, 서울 강남권 아파트 가격은 잠시 주춤했다. 그러나 분당 입주가 시작되자 '서울로 빨리 접근할 수 있는 신도시'라는 인식이 퍼지면서 되레 서울 집값은 다시 뛰었다. 공급 확대가 수요를 흡수하기보다 서울 접근성 기대를 높여 추가 수요를 부르는 효과를 낳은 것이다.

8) 해외 사례와의 비교

세계 주요 도시도 한국과 유사한 경험을 했다.

- 일본 도쿄: 장기 불황기에도 도쿄의 집값은 상대적 안정세를 유지했다. 지방은 급속히 공동화되었고, 도쿄 집중은 완화되지 않았다.
- 영국 런던: 금융 산업 집중으로 런던 집값은 세계 최고 수준으로 치솟았다. 뉴타운 정책이 추진되었으나, 근본적 분산 효과는 미미했다.

이 사례는 하나의 교훈을 준다. 집값 폭등은 단순한 공급 부족 문제가 아니라, 국가적 자원의 공간적 집중 문제라는 점이다.

9) 종합 평가: 집은 불평등을 재생산하는 제도

수도권 주택 가격 폭등은 네 가지 요인(입지 가치, 금융, 기대 심리, 정책 역설)에 더해, 가구분화라는 장기적 구조 변화가 핵심적 원인으로 작동한다. 인구는 정체해도 가구 수는 늘어나기 때문에, 공급은 항상 수요를 따라잡지 못한다.

집은 단순한 주거 공간이 아니라 불평등을 재생산하는 제도적 장치이자, 세대·계층·지역 간 갈등의 근원이 되었다.

연도	총인구(천 명)	가구 수(천 가구)	가구당 인원(명)	비고
1955	약 21,500	약 3,650	5.88	대가족 중심
1980	약 38,100	약 8,900	4.28	산업화, 도시화 가속
2000	약 47,000	약 15,200	3.09	핵가족 보편화
2020	약 51,800	약 28,000	1.85	1~2인 가구 중심

인구는 1955년 대비 2020년에 약 2.4배 증가했지만, 가구 수는 같은 기간 약 7.7배 증가했다. 특히 2000년대 이후 가구당 인원 수는 급속히 줄며, 1~2인 가구가 전체 가구의 절반 이상을 차지하게 되었다.

수도권 주택 가격 상승의 가장 깊은 구조적 요인 가운데 하나는 가구분화다. 한국 사회는 인구 총수가 크게 늘지 않거나 오히려 정체하는 국면에 접어들었지만, 가구 수만큼은 꾸준히 증가해 왔다. 이는 한 가구 안에 여러 세대가 함께 거주하던 시대에서, 이제는 1인 가구·부부 가구·분가한 자녀 가구가 각각 독립된 생활 단위로 나뉜 결과다.

> **사례 박스 1**
>
> 가구분화가 만들어내는 주택 수요
> - 자녀 독립: 서울에 직장을 얻은 20대 후반 청년이 부모 집을 떠나 원룸에 입주 → 새로운 가구 발생.
> - 이혼: 부부가 갈라서며 한 집에서 두 집으로 나뉨 → 동일 인구, 두 개의 주택 수요 발생.
> - 유학·취업 분가: 자녀가 해외 유학이나 수도권 취업으로 분가 → 고향 집은 그대로 두고 새 집을 필요로 함.
> - 고령층 단독 생활: 배우자 사별로 홀로 남은 노인이 별도의 생활 공간을 유지 → 1인 가구 증가.
>
> 이러한 사례들은 인구 총수의 변동과 무관하게 주택 수요가 지속적으로 증가하는 구조를 보여준다.

즉, 주택 공급을 아무리 늘려도, 가구분화의 속도가 더 빠른 이상 체감 부족 현상은 해소되지 않는다. 이는 마치 바가지를 채우는 물보다 바닥에 새는 구멍이 더 크기 때문에, 물이 늘 차지 않는 것과 같다.

따라서 한국 사회의 주택 문제는 단순히 집을 더 짓는 문제로 해결되지 않는다. 가구 구조 변화와 주거 수요 패턴을 함께 설계하지 않으면, 공급 정책은 언제나 뒤쫓는 처방에 머물 수밖에 없다.

제2장
베이비부머 세대와 자산 가난

1절
베이비부머 세대의 은퇴와 소득 단절

1) 세대의 탄생: 산업화의 주역에서 은퇴자 대군(大群)으로

　한국에서 통상 '베이비부머'라 부르는 세대는 전후(戰後) 출생아 급증기의 중심에 놓인 이들로, 유년기에는 농촌과 소도시에서 성장했고 청년기에는 산업화·도시화의 파고를 타고 수도권과 공업지대로 이동했다. 이 세대는 학교를 마치자마자 공장과 사무실, 건설 현장과 상점으로 흩어져 국가의 성장을 자신의 일상 속 노동으로 전환했다. 그들의 삶은 '성장 = 근면 + 저축'이라는 공식에 충실했고, 그 공식의 결실은 대개 주택 자산으로 수렴되었다. 아파트 분양은 생애주기의 통과의례였고, '내 집 마련'은 중산층 정체성의 핵심 언어가 되었다. 그렇게 30년을 달려 도달한 은퇴 국면에서, 그들은 예상과 다른 풍경을 마주한다. 자산은 있는데, 소득이 없다. 그리고 그 간극은 매달 고지서의 형태로 손에 잡힌다.

2) 조기퇴직의 구조: 소득이 끊기는 순간의 메커니즘

　한국식 고용 관행은 장기근속과 연공서열 임금 체계를 긴 시간 유지해왔다. 외형상 안정적이지만, 실제 은퇴 과정에서는 조기퇴직의 압력으로 작동한다. 임금은 50대에 정점에 이르지만, 기업은 그 비용을 감당하지 못하고 권고사직·명예퇴직·임금피크제를 활용한다. 당사자는 건강과 숙련을 유지하고 있음에도, 소득의 절정에서 갑작스런 하강을 경험한다. 재취업은 쉽지 않다. 비슷한 임금을 주는 일자리는 드물고, 경력의 이전 가능성은 낮으며, 디지털 전환이 빠른 업종일수록 숙련의 절벽이 가파르다. 많은 이들이 자영업으로 이동하지만, 과당경쟁·높은 임대료·수요 둔화 앞에서 생애 마지막 창업은 지속 불가능한 노동으로 귀결되기 쉽다. 이렇게 소득의 단절은 사건이 아니라 구조이며, 개인의 실패가 아니라 제도 설계의 귀결이다.

3) '자산 가난'의 실체: 부동산 편중 포트폴리오의 함정

　베이비부머의 자산 구성은 압도적으로 주택 중심이다. 이 포트폴리오는 성장기에는 유효했다. 물가와 임금, 자산 가격이 동시에 상승하던 시절에 아파트는 인플레이션 헤지이자 사회적 신용의 토대였다. 그러나 은퇴 국면에서 주택은 현금흐름을 만들지 못하는 자산이 된다. 임대 수익을 내기 어렵거나, 거주 주택을 임대용으로 바꾸기 어렵고, 다운사이징을 하자니 생활권·관계망·의료 접근성이 걱정된다. 집을 '팔아 치울' 수는 있지만, 팔아 버리면 사라지는 것은 지붕만이 아니다―이웃과 병원, 시장과 공원, 익숙한 버스 노선이 함께 사라진다. 그 결과 '집은 있으나 생활은 빠듯한' 역설이 생긴다. 이 책이 자산 가난이라 부르는 현상은, 자산의 총량이 아니라 현금흐름의 부재로 정의된다.

4) 금리와 부채: 레버리지의 시간이 끝나갈 때 생기는 일

성장기의 베이비부머는 레버리지의 과실을 누렸다. 대출이자는 감당 가능했고, 집값 상승은 이자를 상쇄하고도 남았다. 그러나 은퇴 시점에서 레버리지는 성격을 바꾼다. 정기소득이 끊긴 상태에서 변동금리의 상승은 곧 생활의 침식이다. 이자를 갚기 위해 추가 대출을 받는 악순환은 가계의 현금흐름을 더욱 왜곡한다. 대출 상환을 위해 일을 더하고 싶어도, 채용 시장은 나이와 숙련의 불일치를 이유로 문턱을 높인다. 결과적으로 부채는 은퇴 이후 자산의 완충장치가 아니라 생활의 압박 장치로 작동한다. 베이비부머의 빈곤은 소득의 감소에서만 오지 않는다. 부채 구조가 소득 감소를 증폭시키며, 이때 주거비와 의료비는 가장 무거운 항목이 된다.

5) 돌봄·의료의 비용: 보이지 않던 지출이 전면화될 때

60대 이후의 생활은 건강과 돌봄의 변수에 좌우된다. 경미한 만성질환도 장기적으로는 꾸준한 현금 유출을 의미하고, 치매·뇌혈관질환·근골격계 질환은 가족의 노동을 돌봄에 묶어 둔다. 장기요양제도가 존재한다 하더라도, 실제로는 본인부담금·간병비·조정되지 않은 주거 구조(엘리베이터, 욕실 안전, 단차 등) 때문에 체감 비용이 빠르게 불어난다. 의료·돌봄의 접근성은 수도권과 지방에서 격차가 크다. 지방에 남은 부모를 돌보려 수도권 자녀가 이동할 때 드는 시간 비용과 기회비용은 통계에 잡히지 않지만, 가계의 의사결정에는 결정적이다. 결국 베이비부머의 노후는 건강 충격 → 소득 공백 확대 → 자산 유동화 압력이라는 순서로 취약해진다.

6) 가족 구조의 변화: 1인 가구화와 정서적·경제적 고립

베이비부머의 가족은 더 이상 '부부+자녀'의 표준형을 유지하지 않는다. 사별과 이혼, 자녀의 분가와 해외 유학·취업은 가구분화를 가속했고, 1인 가구로의 전환은 정서적·경제적 고립을 동시에 키웠다. 함께 살던 시절에는 보이지 않던 돌봄과 가사노동이, 혼자 남은 생활에서는 현금 지출로 전환된다. 배달과 대중교통, 방문 간호와 가사도우미는 필수재가 되고, 이 비용은 은퇴 소득을 빠르게 소진시킨다. 관계망의 축소는 정보 접근성의 차이를 낳아, 혜택·지원 제도·지역 서비스에서 보이지 않는 역차별을 만들기도 한다.

7) 노동시장 재진입의 장벽: 숙련의 전환과 지역의 편향

은퇴 이후 일을 계속하고자 하는 욕구는 강하다. 그러나 한국의 노동시장은 숙련의 전환에서 지원이 약하다. 디지털 도구, 자동화 설비, 서비스 표준이 빠르게 바뀌는 환경에서, 50·60대의 재교육은 파편적이고 단기적이다. 더 큰 문제는 지역 편향이다. 새로운 일자리는 수도권에 쏠려 있고, 지방의 일자리는 낮은 임금·단시간·불안정의 삼중고를 겪는다. 결과적으로 '일하고 싶다'는 의지는 일할 수 있는 구조를 만나지 못한다. 이 간극을 메우지 못하면, 베이비부머의 경험과 기술은 지역사회에서 사장(死藏) 자원으로 남는다.

8) 주택과 노후의 충돌: 다운사이징의 유혹과 두려움

자산 가난의 출구로 자주 제시되는 해법은 다운사이징이다. 더 작은 집으로 옮겨 자금을 확보하라는 조언은 논리적으로 타당하다. 그러나 실제 결정은 복잡하다. 작은 집은 대개 더 외곽에 있고, 외곽은 의료·문화·교통 접근성이 떨어진다. 삶의 질이 하락할 수 있다는 두려움은 거래를 주저하게 만든다. 반대로 근린생활권 내에서의 다운사이징은 선택지가 적고, 비용 절감 폭도 작다. 즉, 다운사이징은 시장에 존재하지 않는 선택지일 때가 많다. 그 결과 많은 은퇴 가구는 '팔지도 못하고, 유지 비용은 높은' 주택과 함께 남는다.

9) 사례 박스 A | "집은 있는데 현금이 없다"

서울 외곽의 30년차 아파트에 거주하는 P씨(63)는 공기업에서 명예퇴직 후 퇴직금을 자녀 교육비와 대출 상환에 썼다. 매달 연금 성격의 수입은 있지만 관리비·공과금·자동차 유지비·보험료에 상당 부분이 빠져나간다. 허리 통증으로 병원을 자주 다니면서, 물리치료와 약제비가 고정비처럼 붙었다. 집을 팔면 목돈은 생기겠지만, 같은 생활권에서 대체 주택을 찾기 어려워 결정을 미룬다. "집은 있는데 현금이 없다"는 그의 말은, 은퇴 이후의 역설을 간명하게 요약한다.

10) 사례 박스 B | "자영업의 늪"

대기업 생산직에서 일하던 K씨(58)는 구조조정으로 퇴직한 뒤 동네에서 작은 음식점을 열었다. 초기에는 단골이 붙는 듯했으나, 배달앱 수수료와 임대료, 인건비가 동시에 올라 이익이 줄었다. 코로나 이후에는 점심 매출이 회복되지 않았다. 월 순이익은 최저임금에도 미치지 못하는 달이 늘었고, 결국 폐업을 고민한다. 폐업 비용과 남은 권리금, 정리 비용이 또 다른 장벽이다. 그는 "내가 가진 기술이 이 가게 하나에만 쓸모가 있더라"고 말한다. 숙련의 이전 가능성을 지원하지 않는 생태계에서, 자영업은 노후의 유일한 탈출구이자 가장 위험한 선택지가 된다.

11) 표 6 | 생애주기 소득·지출·자산의 비대칭(개념도)

생애 단계	소득 흐름	지출 구조	자산 운용	취약 지점
20~30대	성장(전일제 취업)	주거·교육·결혼	저축·초기 주택 구입	주거 진입 장벽
40~50대	정점(가계소득 최고)	자녀 교육·주택 대출	주택 비중 확대	부채 의존 심화
60대 이후	급락(조기퇴직·은퇴)	의료·돌봄·생활 고정비	주택 중심 고정 자산	현금흐름 부재·유동화 난관

이 표는 베이비부머가 왜 '자산 가난'의 위험에 취약한지를 보여 준다. 소득이 급락하는 시점에 지출은 오히려 의료·돌봄 중심으로 경직성을 띠고, 자산은 현금화가 어려운 주거 중심으로 묶여 있다. 구조적으로 현금흐름의 적자가 발생하는 설계다.

12) 소결: 소득·돌봄·주거의 동시 설계 없이는 해법도 없다

베이비부머의 은퇴 문제는 개별 가구의 노력으로만 풀 수 있는 문제가 아니다. 소득의 다변화(노년 일자리), 돌봄의 공공성 강화, 주거의 유연화가 함께 설계되어야 한다. 본서가 제안하는 6차 산업단지형 콤팩트 시티는 이 세 축을 동시에 겨냥한다. 스마트팜과 스마트팩토리는 경량·반자동 공정을 통해 고령층에게 무리 없는 소득 활동을 열어 주고, 단지 내 공동취사·공동돌봄·근거리 의료는 지출의 경직성을 완화한다. 고밀·혼합·근접의 도시 구조는 교통·시간 비용을 낮추고, 방문·체험·관광 수요는 외부 매출을 단지 내부로 끌어들인다. 즉, 소득을 추가하고 지출을 낮추며 자산을 유동화하는 구조적 처방이 가능해진다. 은퇴는 소멸이 아니라 역량의 재배치일 수 있다—단, 그 역량이 작동할 장(場)이 필요하다.

핵심 요약 박스 – 제2장 1절

① 한국의 베이비부머는 자산이 있지만 소득이 없는 '자산 가난' 위험에 놓여 있다.
② 조기퇴직·부채·의료·돌봄의 결합이 현금흐름을 갉아먹는다.
③ 1인 가구화는 정서적·경제적 고립을 키우며 지출을 현금화한다.
④ 해법은 소득·돌봄·주거의 동시 설계이며, 6차 산업단지형 콤팩트 시티가 그 실험장이다.

2절
주택 중심 자산 구조의 함정 (자산 가난의 경제학)

1) 주택에 쏠린 자산: 한국 가계의 특수한 포트폴리오

한국 사회의 가계자산 구조는 세계적으로 보아도 특수하다. 미국, 유럽, 일본은 금융자산과 실물자산이 일정한 균형을 이루는 반면, 한국은 압도적으로 주택 등 부동산에 편중되어 있다. 통계청과 한국은행이 발표한 2020년 가계금융복지조사에 따르면, 한국 가계의 자산 중 부동산 비중은 약 75%를 차지한다. 금융자산의 비중은 20% 내외에 불과하다. OECD 평균 부동산 비중이 50% 내외임을 고려하면, 한국은 '부동산 편중형 경제'라 할 수 있다.

이러한 구조는 고도성장기에는 합리적 선택이었다. 저축만으로는 물가 상승률을 따라가기 어려웠고, 주택은 확실하게 가격이 오르는 자산이었다. 그러나 은퇴 이후, 이 포트폴리오는 오히려 가계를 옥죄는 덫으로 변한다.

2) '자산 가난'의 정의: 자산은 많지만 현금흐름이 없는 상태

자산 가난(Asset Poverty)이란, 보유 자산은 상당하지만 유동성이 없어 생활을 유지할 현금흐름이 부족한 상태를 말한다. 베이비부머 세대는 집 한 채 혹은 두 채를 가지고 있지만, 정작 매달 생활비·의료비·돌봄비를 감당할 소득은 빠듯하다.

예를 들어 8억 원짜리 아파트를 가진 은퇴 부부가 있다고 하자. 금융자산은 2천만 원 남짓이고, 국민연금 수령액은 월 100만 원 수준이다. 겉보기에는 '자산가'이지만, 현금흐름은 최저생계비 수준을 벗어나기 어렵다. 집을 팔지 않는 한 자산은 쓰이지 못하고, 팔자니 생활권·관계망을 잃게 되는 이중의 딜레마가 발생한다.

3) 주택의 유동성 한계: 팔 수도, 빌릴 수도 없는 자산

주택은 부피가 크고, 분할 사용이 불가능하며, 유동성이 낮다. 금융자산은 부분 인출이나 담보 대출이 쉽지만, 주택은 한 번 거래해야만 현금화된다. 은퇴자가 집을 담보로 대출을 받으려 해도, 소득이 부족해 금융기관이 대출을 꺼린다. 역모기지 제도(주택연금)가 있긴 하지만, 낮은 연금액·상속 갈등 등으로 적극적으로 활용되지 못하고 있다.

결국 베이비부머의 주택은 자산 가치는 크지만 생활에는 쓰이지 못하는 묶인 자산이 된다. 주택 자산이 많을수록 아이러니하게 생활 빈곤은 더 심해진다.

4) 표 7. 한국 가계 자산 구조 비교 (2020)

구분	부동산 비중	금융자산 비중	기타 실물자산	특징
한국	75%	20%	5%	주택 집중
OECD 평균	50%	40%	10%	균형적 구조
미국	35%	55%	10%	금융 중심
일본	45%	45%	10%	비교적 균형

출처: 한국은행, OECD 가계자산 통계

이 표에서 드러나듯, 한국은 전형적인 주택 중심 자산 국가다. 미국과 비교하면 금융자산 비중이 절반도 되지 않는다.

5) **사례 박스 C | "8억 원 자산가, 그러나 생활비는 적자"**

서울 강서구에 거주하는 J씨(62)는 시세 8억 원 아파트를 보유하고 있다. 그러나 국민연금은 월 95만 원, 예금은 1천만 원뿐이다. 배우자의 만성질환으로 의료비가 꾸준히 나가고, 자녀 지원비까지 합치면 매달 30만~50만 원의 적자가 발생한다. 아파트를 팔면 현금은 생기겠지만, 같은 생활권에서 재구입이 불가능하다. 결국 "자산가"라는 타이틀은 허상이고, 현금 가난이 현실이다.

6) **세대 간 자산 불평등: 집이 있는 자와 없는 자**

주택 중심 자산 구조는 세대 간 불평등도 심화시킨다. 베이비부머 세대는 상대적으로 저렴한 가격에 집을 살 수 있었지만, 청년 세대는 소득 대비 주택가격(PIR)이 15배를 넘는다. 베이비부머는 '집 한 채'로 자산을 축적했지만, 청년은 '집 한 채'의 문턱에조차 다가서지 못한다.

이로 인해 부모 세대가 자녀에게 집을 물려줄 수 있느냐 없느냐가 곧 계층 이동의 여부를 결정한다. 주택은 단순한 주거지가 아니라, 사회적 계급을 고착시키는 장치가 되어 버렸다.

7) 자영업 실패와 주택 담보의 악순환

은퇴 이후 자영업에 뛰어든 베이비부머 상당수는 실패를 경험한다. 이때 마지막 버팀목으로 쓰이는 것이 주택 담보 대출이다. 그러나 창업 실패가 반복되면 주택 담보는 줄어들고, 생활비 부담은 늘어난다. 남은 것은 갚아야 할 빚과 유지해야 할 집뿐이다. 이는 주택 자산이 오히려 부채를 불러오는 통로가 되는 역설적 상황을 낳는다.

8) 해외 비교: 미국의 금융자산, 일본의 장수 리스크

미국 가계는 금융자산 비중이 높아, 은퇴 이후에도 배당·이자·연금 등으로 현금흐름을 유지한다. 일본은 한국과 비슷하게 부동산 비중이 크지만, 장수 리스크와 초저금리로 인해 자산이 빠르게 고갈된다. 한국은 일본과 유사하지만, 저출산·급속 고령화라는 변수까지 겹쳐 상황이 더 심각하다.

9) 표 8. 한국 고령층의 자산·소득 구조 (2020)

구분	평균 자산	평균 금융자산	평균 주택자산	평균 소득	빈곤율
65세 이상	3억 8천만 원	5천만 원	2억 8천만 원	연 1,200만 원	40% 이상

출처: 통계청, 가계금융복지조사

이 통계에서 보듯, 고령층의 자산 대부분은 주택에 묶여 있고, 금융자산은 적으며, 빈곤율은 OECD 최상위권이다.

10) 종합 평가: '집 한 채 신화'의 종말

주택은 성장기의 안전한 투자였으나, 은퇴기의 안정적 생활을 보장하지는 못한다. 주택 편중 자산 구조는

- 현금흐름 부재,
- 세대 간 불평등 고착,
- 부채 악순환,
- 노후 빈곤 심화

라는 네 가지 함정을 낳는다. 이제 필요한 것은 단순한 주택 소유가 아니라, 자산 포트폴리오의 다변화와 현금흐름 설계다.

 핵심 요약 박스 – 제2장 2절

① 한국 가계 자산은 주택에 편중되어 있어 '자산 가난' 위험이 크다.
② 주택은 유동성이 낮아 생활비로 전환되지 못한다.
③ 은퇴 이후 자영업 실패와 부채 악순환은 주택 자산을 오히려 위험 요소로 만든다.
④ 세대 간 불평등이 심화되고, '집 한 채 신화'는 노후를 지켜주지 못한다.

3절
금융 부채와 이자 부담의 그림자

1) 빚과 함께 성장한 세대

베이비부머 세대의 인생 궤적은 빚과 함께한 역사라 해도 과언이 아니다.

1980~90년대 주택 분양제도의 활성화는 '분양권=로또'라는 인식을 낳았고, 대부분의 가구는 은행 대출 없이는 내 집 마련이 불가능했다. 대출은 단순한 금융 수단이 아니라, 중산층의 진입권이었고, 채무는 정상적인 생애 전략의 일부였다.

문제는 은퇴 국면이다. 소득은 급락하는데 대출 상환은 계속된다. 특히 2000년대 이후 변동금리 대출이 보편화되면서, 이자율 변동은 은퇴 가계의 생활을 직접적으로 흔든다.

2) 한국형 가계부채의 구조적 특징

한국의 가계부채는 OECD 최고 수준이다. 2022년 기준, GDP 대비 가계부채 비율은 105%를 넘어섰다. 이는 미국·일본보다 높은 수치다. 특징은 크게 세 가지다.

- 주택담보 의존도: 전체 가계부채의 60% 이상이 주택담보대출이다.
- 변동금리 비중: 대출의 절반 이상이 변동금리 구조여서, 금리 인상 시 즉각 부담이 커진다.
- 자영업 대출: 은퇴 후 창업 과정에서 부채가 다시 늘어나며, 이는 주택 담보와 직결된다.

즉, 한국의 가계부채는 단순한 금융 문제가 아니라, 주택 자산 구조와 노후 생계 문제를 동시에 건드리는 요소다.

3) 표 9. GDP 대비 가계부채 비율 (OECD 주요국, 2022)

국가	GDP 대비 가계부채 비율(%)	특징
한국	105	세계 최고 수준, 주택담보 중심
미국	77	금융위기 이후 하락
일본	65	장기불황, 낮은 금리
독일	57	보수적 대출 관행

출처: BIS(국제결제은행), 한국은행

이 표에서 보듯, 한국은 명실상부한 **'빚의 나라'**다. 특히 은퇴 직전까지 부채를 안고 가는 구조는 다른 나라와 대비된다.

4) 이자 부담의 현실: 생활비를 잠식하는 금융비용

은퇴 후 가장 무거운 고정비는 이자다. 국민연금·퇴직연금으로 들어오는 월 100만~150만 원 중 절반 가까이가 이자로 빠져나가는 가구도 있다. 이때 이자는 단순한 숫자가 아니라 식비·의료비·여가비를 포기하게 만드는 현실의 칼날이다.

금리가 1%p 오르면 가계이자 부담은 약 12조 원 늘어난다는 한국은행 통계는, 금리 변동이 국가 차원에서 어떤 파급력을 가지는지 보여 준다. 베이비부머 가구에게는 그 충격이 곧 삶의 축소로 이어진다.

5) 사례 박스 D | "연금은 은행으로 간다"

경기도 일산에 거주하는 L씨(65)는 30평대 아파트를 구입할 때 2억 원의 대출을 받았다. 은퇴 후 국민연금으로 월 120만 원을 받지만, 이자 상환에 60만 원이 쓰인다. 남은 돈으로 관리비, 의료비, 생활비를 충당하려면 턱없이 부족하다. 그는 "연금은 은행으로 간다"고 자조한다.

6) 부채와 자영업: 이중의 덫

많은 베이비부머가 은퇴 후 자영업에 뛰어들며 다시 대출을 받는다. 창업자금 대출, 시설자금 대출은 대부분 주택 담보로 실행된다. 장사가 잘되면 괜찮지만, 실패하면 주택 담보는 줄어들고 빚은 남는다. 주택-부채-창업 실패의 3단 고리는 노후 빈곤으로 직행하는 가장 위험한 경로다.

7) 표 10. 은퇴 가구의 부채 보유율 (2020)

연령대	부채 보유 가구 비율	평균 부채액
50대	68%	9,200만 원
60대	55%	6,300만 원
70대	32%	3,200만 원

출처: 통계청 「가계금융복지조사」

60대 이상 은퇴 가구 절반 이상이 여전히 부채를 지고 있으며, 금액도 결코 적지 않다.

8) 심리적 압박: 부채는 불안의 언어다

부채는 단순히 숫자가 아니다. 매달 반복되는 상환 고지는 불안과 수치심, 자책감을 불러온다. "빚 때문에 잠이 오지 않는다"는 노인의 고백은 단순한 푸념이 아니라, 삶의 질을 직접적으로 파괴하는 경험이다. 부채는 사회적 관계를 위축시키고, 소비를 억제하며, 가족 갈등을 유발한다. 노후의 행복을 평가할 때, 부채 유무는 가장 강력한 변수 중 하나다.

9) 해외 사례와의 비교

- 미국: 금융위기 이후 가계부채가 줄었고, 은퇴 가계는 금융자산 중심으로 현금흐름을 유지한다.
- 일본: 장기 불황에도 주택 담보 대출이 크지 않아, 은퇴 가계는 상대적으로 빚 부담이 적다.
- 한국: 주택 중심 구조와 변동금리 관행으로, 은퇴 이후에도 빚에 얽매이는 독특한 구조를 갖는다.

10) 종합 평가: 은퇴 이후의 이자 사회

베이비부머 세대에게 금융 부채와 이자 부담은 단순한 경제 문제가 아니라, 노후 삶의 구조적 위기다.

- 은퇴 이후에도 부채는 남고,
- 이자는 생활비를 잠식하며,
- 자영업 실패는 부채를 증폭시키고,
- 심리적 압박은 삶의 질을 훼손한다.

따라서 한국의 노후 빈곤 문제를 해결하려면, 연금이나 복지 정책뿐 아니라 부채 구조 개혁과 금융 설계가 함께 논의되어야 한다.

핵심 요약 박스 – 제2장 3절

① 한국 가계부채는 GDP 대비 105%로 세계 최고 수준이다.
② 은퇴 이후에도 절반 이상의 가구가 여전히 부채를 지고 있다.
③ 변동금리 구조와 자영업 실패는 부채 악순환을 심화시킨다.
④ 이자 부담은 단순한 숫자가 아니라 노후 삶을 잠식하는 칼날이다.

4절
고령사회의 사회안전망 취약성

1) '안전망'의 의미와 한국의 현실

사회안전망은 개인이 생애 주기에서 맞닥뜨리는 위험—질병, 실업, 노후, 돌봄—을 집단적으로 흡수해 주는 제도적 장치다. 한국은 경제 규모 면에서는 세계 10위권이지만, 사회안전망 수준에서는 여전히 OECD 하위권에 머물러 있다. 복지 지출 비율은 GDP 대비 12~13% 수준으로, OECD 평균(20% 이상)에 크게 못 미친다. 이는 곧 노년기에 직면한 위험을 개인과 가족이 감당하도록 만든다. 베이비부머 세대가 은퇴와 함께 체감하는 것은 소득의 단절이자 동시에 제도의 부재다.

2) 국민연금의 한계: 낮은 급여, 불안한 지속 가능성

국민연금은 한국 노후 소득 보장의 핵심 제도지만, 실질 효과는 제한적이다.

- 2020년 기준, 65세 이상 노인의 평균 국민연금 수령액은 월 55만 원 수준에 불과하다.
- 1988년 제도 도입 당시 가입하지 못한 고령층이 많아, 사각지대도 크다.
- 제도 지속 가능성 논란으로 보험료 인상·급여 삭감 가능성이 꾸준히 제기된다.

즉, 국민연금은 이름만 '국민'일 뿐, 전체 노인을 포괄하지 못하는 제도이며, 수령액 또한 최저생계비에도 미치지 못한다. 은퇴한 베이비부머는 연금만으로는 생활을 유지할 수 없고, 부동산 자산과 근로 소득에 의존해야 한다.

3) 기초연금과 사적 연금: 보완의 실패

정부는 기초연금 제도를 도입해 65세 이상 고령층에게 월 30만 원 안팎의 소득을 보장한다. 그러나 이 액수는 실제 생활비에 턱없이 부족하다. 더구나 부부 동시 수급 시 감액 제도가 있어 체감 금액은 더 줄어든다.

사적 연금(퇴직연금, 개인연금)은 중산층 일부만 혜택을 누린다. 자영업자·비정규직은 아예 가입하지 못했거나, 납입액이 적어 은퇴 후 수령액도 미미하다. 결국 연금 3층 체계라 불리는 구조는 한국에서는 사실상 2층 혹은 1.5층에 불과하다.

4) 돌봄 체계의 취약성: 가족에 전가된 부담

노인의 삶에서 가장 큰 비용은 의료와 돌봄이다. 한국은 가족 돌봄의 전통이 강했지만, 핵가족화·1인 가구화로 인해 가족 돌봄은 더 이상 지속 가능하지 않다. 그럼에도 제도적 대안은 미비하다.

- 장기요양보험 제도가 있으나, 서비스 질과 인력 공급이 부족하다.
- 재가 돌봄 서비스는 대도시 위주이고, 농촌·지방은 인프라가 취약하다.
- 요양병원·요양시설은 수용 한계에 이르렀으며, 비용은 가계 부담으로 남는다.

결국 돌봄은 여전히 가족에게 전가되며, 이는 여성—특히 은퇴한 주부와 딸 세대—에게 집중된다.

5) 의료비의 압박: 공공부담의 한계

한국의 건강보험 보장률은 OECD 평균보다 낮다(약 63%). 중증 질환은 본인부담금이 커서 은퇴 가구의 삶을 위협한다. 예컨대 치매나 암과 같은 질환은 수년간 수천만 원의 비용을 요구한다. 지방 거주 노인은 대형 병원을 찾기 위해 수도권으로 이동해야 하며, 교통·숙박·간병 비용이 추가된다. 결국 의료비는 단순히 치료비가 아니라, 생활권을 뒤흔드는 구조적 비용이다.

6) 표 11. OECD 노인빈곤율 비교 (2020)

국가	노인빈곤율(%)	특징
한국	40	OECD 최고 수준
일본	20	장수·저성장 영향
미국	18	사회보장·401k 혼합
독일	10	공적연금 비중 큼
OECD 평균	14	

출처: OECD 사회지표

한국의 노인빈곤율은 OECD 평균의 거의 3배다. 사회안전망 부재가 얼마나 심각한지 보여주는 대표적 지표다.

7) 사례 박스 E | "병원비가 집값을 갉아먹는다"

서울에 사는 B씨(67)는 아내의 치매 치료비로 매달 200만 원 이상을 지출한다. 국민연금 80만 원과 자녀 지원금을 합쳐도 빠듯하다. 결국 노후를 위해 남겨두었던 전세금 일부를 해약해 생활비로 돌려야 했다. 그는 "집값은 올랐다지만, 병원비가 집을 잠식하고 있다"고 토로한다.

8) 주거 안전망의 취약성: 고령자 맞춤형 주거 부족

노인의 삶에서 주거는 단순한 쉼터가 아니라 안전과 돌봄의 기반이다. 그러나 한국의 주거정책은 고령층을 충분히 고려하지 않았다. 고령자 임대주택은 공급이 부족하고, 무장애 설계(Barrier Free) 아파트는 극히 드물다. 엘리베이터 없는 다세대 주택에 홀로 사는 노인은 사실상 외출이 불가능하다. 주거 취약은 곧 사회적 고립으로 이어진다.

9) 사회적 불평등의 확대: 세대 간, 지역 간 격차

사회안전망 취약은 단순히 노인의 문제가 아니다. 연금·돌봄·의료의 부담은 결국 자녀 세대, 특히 수도권 청년에게 전가된다. 수도권 집중 속에서 부모가 지방에 남아 있으면, 돌봄과 지원의 책임은 자녀의 이주·결혼·출산 결정에 영향을 준다. 이는 세대 갈등과 출산율 저하라는 국가적 문제로 직결된다.

10) 종합 평가: 개인 책임으로 떠넘겨진 노후

한국의 고령사회는 아직도 개인과 가족의 책임에 과도하게 의존한다.

국민연금·기초연금·건강보험·장기요양보험이라는 제도가 있으나, 보장 수준은 낮고 사각지대는 넓다. 결과적으로 베이비부머의 은퇴는 단순한 소득의 중단이 아니라, 사회안전망 부재가 만들어낸 총체적 위기다.

 핵심 요약 박스 – 제2장 4절

① 한국의 사회안전망 지출은 OECD 평균보다 크게 낮다.
② 국민연금·기초연금·사적연금 체계는 불완전하며, 노후 소득 대체율이 낮다.
③ 돌봄·의료 체계는 가족에 전가되고, 의료비는 주거 안정성을 흔든다.
④ 한국 노인빈곤율은 OECD 최고 수준으로, 사회안전망 부재의 단면이다.

5절
종합 평가: 베이비부머, 한국형 노후 빈곤의 상징

1) 세대의 역설: 성장의 주역에서 불안한 노후로

베이비부머 세대는 한국 근현대사의 주역이었다. 그들은 산업화의 현장에서 땀을 흘렸고, 민주화의 광장에서 목소리를 높였으며, 교육열과 근면으로 자녀 세대를 중산층으로 끌어올렸다. 그러나 은퇴 이후 맞이한 풍경은 정반대다. 집은 있는데 삶이 없다는 역설이 베이비부머의 현재를 설명하는 가장 간명한 문장이다. 경제성장의 결실을 온전히 누리기는커녕, 오히려 그 성장 구조가 만들어 낸 부채·자산 편중·사회안전망 부재라는 문제의 정점에 서 있다.

2) 네 가지 함정의 총합

앞선 절에서 살펴본 바와 같이, 베이비부머의 노후 빈곤은 단순히 개인의 재무 관리 실패가 아니다. 그것은 한국 사회 구조가 빚어낸 총체적 결과다.

- 소득 단절 – 조기퇴직과 노동시장 재진입의 어려움
- 자산 편중 – 주택 중심 포트폴리오와 현금흐름의 부재
- 부채 의존 – 금융 레버리지가 은퇴 이후 이자 압박으로 전환
- 안전망 부재 – 연금·돌봄·의료에서의 불충분한 제도 보장

이 네 가지 요인은 따로 작동하지 않는다. 상호 증폭되며, 은퇴 가계를 빠르게 취약 상태로 끌어내린다. 이를테면, 조기퇴직으로 소득이 끊기면 부채 상환이 어려워지고, 결국 주택 매각 압력에 시달리게 된다. 주택을 팔자니 생활권과 사회적 관계망이 무너지고, 돌봄과 의료의 비용은 더 커진다. 이 악순환의 한가운데에 베이비부머가 있다.

3) '한국형 노후 빈곤'의 개념화

서구 복지국가의 노후 빈곤은 대체로 소득 빈곤의 형태를 띤다. 연금액이 낮거나 실업이 장기화되어 생활비가 부족한 경우다. 그러나 한국의 노후 빈곤은 다르다. 자산은 있으나 현금흐름이 없는 상태—즉, 자산 가난—이 구조적 특징이다. 주택을 중심으로 형성된 자산 구조가 오히려 노후의 유연성을 빼앗는다. 따라서 한국형 노후 빈곤은 단순한 '소득 부족'이 아니라, 자산·부채·안전망의 삼중 결핍을 동반한다. 베이비부머 세대는 그 전형을 가장 선명하게 보여주는 집단이다.

4) 세대 간 파급 효과: 청년의 불안, 사회의 분열

　베이비부머의 노후 빈곤은 세대 내부의 문제를 넘어서, 사회 전체에 파급 효과를 낳는다. 부모 세대의 부채 상환과 돌봄 부담은 자녀 세대의 삶에 전가된다. 청년은 학자금·주거비에 더해 부모 부양 부담까지 떠안으며, 결혼·출산 결정을 미룬다. 세대 갈등은 심화되고, "부모 세대는 집으로 부를 쌓았는데 왜 우리는 기회가 없느냐"는 불만은 사회적 불신으로 전환된다. 이는 단순한 경제 문제가 아니라 사회적 응집력을 약화시키는 위험 요인이다.

5) 국제 비교 속 한국의 특수성

　OECD 국가 중 한국은 가장 빠른 속도의 고령화와 가장 높은 노인빈곤율을 동시에 기록하고 있다. 일본과 비교하면 복지 지출 비율이 절반 수준이고, 미국과 비교하면 금융자산 기반이 취약하다. 독일·스웨덴처럼 공적 연금이 두텁게 보장되지 않는 한국에서는, 베이비부머 세대의 상황이 곧 미래 세대의 예고편이 된다. 지금의 문제를 방치한다면, 10~20년 후 한국 사회 전체는 노후 빈곤의 파고에 휩쓸릴 것이다.

6) 사회적 상징으로서의 베이비부머

　따라서 베이비부머는 단순한 인구 집단이 아니라, 한국 사회가 직면한 구조적 문제를 응축한 사회적 상징이다. 그들의 노후는 한국 자본주의·부동산 중심 성장 전략·제한적 복지국가 모델이 만들어낸 결과물이다. 베이비부머의 불안정한 삶은, 한국 사회의 미래가 어떤 모습일지를 예고한다.

7) 해법을 향한 전환: 자산에서 삶으로

종합하면, 베이비부머 문제의 핵심은 '집'이 아니라 '삶'이다. 단순한 주택 소유가 아닌, 현금흐름을 만들어 내는 구조와 돌봄·의료·주거가 통합된 시스템이 필요하다. 여기서 6차 산업단지형 콤팩트 시티 모델은 단순한 도시 설계안이 아니라, 노후 빈곤 구조를 근본적으로 바꾸는 실험이 될 수 있다. 소득·자산·돌봄·주거를 함께 설계하는 새로운 패러다임 없이는, 베이비부머뿐 아니라 그 뒤를 잇는 세대 모두가 '한국형 노후 빈곤'에 빠질 수밖에 없다.

 핵심 요약 박스 – 제2장 5절

① 베이비부머 세대는 산업화·민주화의 주역이지만, 은퇴 후 한국형 노후 빈곤의 상징으로 전락했다.
② 소득 단절, 자산 편중, 부채 의존, 사회안전망 부재가 결합해 빈곤을 심화시킨다.
③ 한국의 노후 빈곤은 '자산 가난'이라는 독특한 형태로 나타난다.
④ 세대 간 부담 전가와 사회적 갈등은 국가 전체의 미래를 위협한다.
⑤ 해법은 주택 소유를 넘어, 소득·돌봄·주거를 동시에 설계하는 새로운 패러다임에 있다.

제3장
인구구조 변화와 가구 분화의 파급효과

1) 인구구조 전환: 저출산·고령화의 이중 파도

한국 사회는 전 세계에서 가장 빠른 속도의 저출산·고령화를 경험하고 있다. 합계출산율은 2022년 0.78명으로, OECD 국가 중 최저다. 반면 기대수명은 83세에 달한다. 이는 곧 생산연령인구는 줄고, 고령인구는 늘어나는 인구 피라미드의 역전 현상을 뜻한다. 노동력의 감소, 세대 부양 부담의 증가, 연금 재정의 압박은 인구구조 변화가 단순한 '통계적 현상'이 아니라, 경제와 주거 시스템 전체를 흔드는 구조적 변수임을 보여준다.

2) 가구분화: 늘 부족한 주택의 구조적 원인

인구가 정체하거나 감소하는데도, 왜 주택은 늘 부족할까? 그 해답은 바로 가구분화에 있다.

- 1955년: 1가구당 평균 인원 5.88명
- 2020년: 1가구당 평균 인원 1.85명

63

이는 인구가 크게 늘지 않았음에도, 가구 수는 폭발적으로 증가했음을 의미한다. 결혼, 이혼, 독립, 유학, 고령자의 단독 거주 등으로 한 집에 살던 사람들이 흩어져 새로운 가구를 형성한다. 따라서 공급 물량이 늘어도, 가구 분화 속도를 따라가지 못하면 체감 주택 부족은 사라지지 않는다.

표 12. 한국 가구 규모 변화 (1955~2020)

연도	1가구당 평균 인원	특징
1955	5.88명	대가족 중심, 농촌 기반 사회
1980	4.53명	핵가족화 진행
2000	2.73명	도시화, 1·2인 가구 급증 시작
2020	1.85명	초소형 가구가 주류화

출처: 통계청 인구주택총조사

3) 1인 가구의 급증과 사회경제적 파급

현재 한국 전체 가구의 33% 이상이 1인 가구다. 이 변화는 단순한 주거 형태의 전환이 아니다.

- 주택 수요: 소형 주택·원룸·오피스텔 수요 급증
- 소비 구조: '나 홀로 소비' 증가, 배달·간편식 산업 성장
- 사회 문제: 고립, 우울, 고독사 위험 증가

사람은 줄어도 가구는 늘고, 그 가구가 원하는 주택의 유형도 달라지면서, 기존의 대규모 아파트 공급 정책은 미스매치를 낳는다.

4) 이혼과 재혼, 가족의 다변화

한국의 혼인율은 줄고 이혼율은 늘고 있다. 또한 재혼 가정, 동거 가정, 비혼 가정이 확산되면서 가족의 형태는 더 다변화되었다. 이 역시 가구 분화를 촉진한다. 부모와 자녀, 혹은 부부 단위의 전통적 가구에서 벗어나, 다양한 형태의 '소규모 가구'가 주류를 이룬다.

이러한 변화는 주택 수요뿐 아니라, 정책 설계에도 영향을 준다. 교육·돌봄·복지 시스템이 여전히 '정상 가족'을 전제로 짜여 있기 때문에, 새로운 가구 형태를 포용하지 못한다.

5) 고령자 가구: 1인 고령가구와 노부부 가구

고령화는 곧 1인 노인가구의 증가를 뜻한다. 배우자를 잃거나 자녀와 따로 사는 노인은 작은 집에서 혼자 살아간다. 그러나 이 가구는 주거비 부담과 사회적 고립에 동시에 노출된다. 노부부 가구 역시 소득 단절 이후 의료비·돌봄비로 인해 쉽게 빈곤에 빠진다.

이 구조는 주택시장의 한 축을 '고령자 맞춤형 주거'로 이끌어야 하지만, 현실은 여전히 청년·신혼부부 주택 지원에 집중되어 있다.

6) 사례 박스 F | "가구는 늘고, 집은 모자라다"

부산에 거주하는 K씨(58)는 아들과 딸이 각각 결혼과 유학으로 독립하면서, 한 집에서 세 가구가 되었다. 인구는 그대로지만, 가구 수는 세 배로 늘어난 것이다. 그는 "주택 가격이 떨어질 리가 없다. 사람은 줄어도 집은 계속 필요하다"고 말한다. 이는 가구분화가 곧 주택 부족의 구조적 원인임을 보여준다.

7) 국제 비교: 일본과 유럽의 가구 구조 변화

- 일본: 초고령사회 진입으로 1인 고령가구가 급증. 작은 아파트·실버타운 수요 확대.
- 유럽: 이혼·동거 증가로 소형 가구 확대. 그러나 복지 제도가 뒷받침돼 주거 빈곤은 상대적으로 낮음.
- 한국: 가구분화 속도는 세계에서 가장 빠른데, 주거·복지 제도가 이를 따라가지 못함.

8) 종합 평가: 인구는 줄어도 주택은 늘 부족하다

가구분화는 한국 주택문제의 핵심이다. 인구 감소 = 주택 공급 여유라는 단순 계산은 틀렸다. 인구는 줄어도 가구 수는 늘어나고, 가구 유형은 다변화한다. 따라서 수도권의 주택 폭등과 지방의 공동화는 단순히 공급 부족이 아니라, 가구분화와 인구구조 변화가 만든 구조적 불일치에서 비롯된다.

 핵심 요약 박스 – 제3장

① 한국의 인구구조는 저출산·고령화·가구분화라는 삼중 전환기에 있다.
② 1955년 1가구 5.88명 → 2020년 1.85명으로 가구분화가 폭발적이었다.
③ 인구는 줄어도 가구는 늘어, 주택은 항상 부족한 구조다.
④ 1인 가구·이혼 가구·고령자 가구의 증가는 주거·복지 정책에 새로운 과제를 던진다.
⑤ 주택 문제는 단순한 '수량 공급'이 아니라, '가구 구조 변화에 맞춘 질적 설계'로 접근해야 한다.

제4장
지방 공동화와 국토 불균형의 심화

1) 지방 공동화의 개념과 배경

　한국 사회에서 "지방 공동화"라는 용어는 단순히 특정 지역의 인구가 줄어드는 현상을 넘어선다. 그것은 경제적 기능, 사회적 관계망, 문화적 활력, 행정적 역량이 동시에 약화되는 과정을 뜻한다. 이 개념은 일본에서 '소멸 가능성 도시'라는 문제의식과 함께 본격화되었지만, 한국은 일본보다 더 작은 국토에서 더 급격한 수도권 집중을 경험해 왔다는 점에서 상황이 다르다. 산업화 초기, 국가가 선택한 발전 전략은 자원을 수도권과 일부 공업 벨트에 집중하는 것이었다. 그 결과 서울과 인천, 경기도는 일자리와 교육, 의료와 문화 자원이 한데 모여드는 공간이 되었고, 반대로 지방 농촌과 중소도시는 청년층을 흡수하지 못한 채 지속적인 인구 유출을 겪게 되었다. 이렇게 형성된 수도권-비수도권 간의 불균형은 시간이 갈수록 누적되며, 오늘날 지방 공동화라는 이름의 구조적 위기를 낳았다.

2) 청년 유출과 지역 인구 구조의 왜곡

지방 공동화의 중심에는 청년 인구의 수도권 유출이 있다. 지방 출신의 학생은 대학교 진학을 위해 수도권으로 올라오고, 졸업 이후에도 수도권에서 직장을 찾는 경우가 대부분이다. 결국 고향으로 돌아가는 비율은 극히 낮다. 이렇게 되면 지방에는 고령자만 남고, 생산연령 인구의 비중은 점점 줄어든다. 예를 들어 전남이나 경북의 군 단위 지역에서는 이미 65세 이상 인구 비율이 40%를 넘고 있다. 이는 단순히 인구가 줄었다는 사실 이상을 의미한다. 결혼하고 아이를 낳을 청년 세대가 사라졌다는 것은, 해당 지역이 스스로 인구를 재생산할 능력을 상실했다는 뜻이기 때문이다. 출산율 제고 정책이 전국적으로 시행된다 하더라도, 청년층이 없는 지역에서 출산율은 의미가 없다. 결과적으로 지방은 인구 구조의 왜곡을 감당하지 못한 채 더욱 빠른 속도로 소멸을 향해 간다.

3) 경제 기반의 약화와 지역 산업의 쇠퇴

청년이 빠져나가면 지역 경제는 자연스럽게 위축된다. 인구가 줄면 내수 시장이 작아지고, 기업은 신규 투자를 주저한다. 결국 양질의 일자리는 수도권에 집중되고, 지방의 기업들은 낮은 부가가치 산업이나 단순 하청 구조에 의존하게 된다. 제조업 중심지로 자리 잡았던 울산, 창원, 포항 같은 도시조차도 자동화와 고령화로 인해 신규 고용을 창출하는 데 어려움을 겪고 있다. 그 결과 지방 청년은 고향에서 머물기보다는 더 나은 기회를 찾아 서울이나 수도권으로 떠날 수밖에 없다. 상권의 붕괴도 뒤따른다. 인구가 줄어든 지역에서는 카페와 식당, 학원 같은 생활 서비스업이 유지되기 어렵고, 이는 다시 생활 편의성 저하로 이어져 청년 유입을 더 어렵게 만든다. 경제 기반의 쇠퇴와 인구 유출은 서로를 강화하는 악순환 고리에 놓여 있는 셈이다.

4) 교육과 의료 서비스의 불균형

경제적 요인만이 청년 유출을 설명하지는 않는다. 교육과 의료 서비스의 질 차이 또한 결정적이다. 상위권 대학의 대부분이 수도권에 집중되어 있다는 사실은, 지방 청년이 서울로 이동하는 강력한 이유가 된다. 일단 서울에서 대학 생활을 시작하면, 졸업 후에도 직장과 사회적 네트워크가 수도권에 형성되기 때문에 고향으로 돌아갈 동인은 더욱 줄어든다. 의료 서비스도 마찬가지다. 대형 병원과 전문 의료진은 대부분 수도권에 자리 잡고 있다. 지방 중소도시의 고령자는 정밀 검진이나 중증 치료를 위해 반드시 서울의 병원을 찾게 되고, 자녀 세대도 부모의 돌봄을 이유로 수도권 거주를 선호한다. 이렇게 교육과 의료의 집중은 단순한 선택 문제가 아니라, 지역 생활권을 불가능하게 만드는 구조적 조건으로 작동한다.

5) 지역 재정의 위기와 악순환

인구와 산업이 줄어들면 지방자치단체의 재정도 함께 약화된다. 세입의 상당 부분을 차지하는 지방세가 줄어들고, 반대로 고령 인구 증가로 인해 복지 지출은 늘어난다. 결국 많은 지방자치단체가 만성 적자 상태에 빠지고, 중앙정부 보조금에 의존할 수밖에 없다. 그러나 보조금은 단기적 사업에 치중되기 마련이고, 장기적·구조적 문제를 해결하기 어렵다. 재정 자립도가 낮아진 지방정부는 스스로 새로운 산업을 유치하거나 기반 시설을 확충하기 어렵고, 이는 다시 청년층의 유출과 지역 쇠퇴로 이어진다. 재정의 위기와 인구 공동화는 서로를 강화하는 쌍둥이 위기라 할 수 있다.

6) 국토 불균형의 공간적 심화

지방 공동화는 단순히 몇몇 도시가 쇠퇴하는 문제를 넘어, 국토 전체의 공간 구조를 왜곡시킨다. 수도권은 이미 과밀로 인한 교통 혼잡과 주택 가격 폭등, 환경 오염에 시달리고 있다. 반대로 지방은 빈집과 폐교, 유휴 토지로 가득하다. 두 공간의 불균형은 단순한 격차를 넘어, 상호 파괴적 결과를 낳는다. 수도권은 과밀의 비용을 치르고, 지방은 공동화의 비용을 치르는 상황이다. 이중 부담은 결국 국가 전체의 생산성과 사회적 통합력을 약화시킨다. 국토 불균형은 '지방의 문제'가 아니라, 국가적 생존의 조건과 직결된 문제다.

7) 국제 비교와 한국의 특수성

비슷한 문제는 일본에서도 나타났다. 일본 역시 지방 소멸과 고령화 문제를 안고 있지만, 신칸센 철도망과 지방 대학 지원 정책을 통해 일정 부분 완화를 시도했다. 유럽 역시 지방 도시에 문화·교육 자원을 분산시켜 수도권 과밀을 완충하는 장치를 마련했다. 그러나 한국은 국토 면적이 좁고, 인구 집중의 속도가 훨씬 빨라 대처할 시간이 부족했다. 또한 중앙집권적 행정 구조가 강해, 지방정부가 자율적으로 대응할 수 있는 여력이 약하다. 이 점에서 한국의 지방 공동화는 일본이나 유럽보다 훨씬 급격하고 돌이키기 어려운 형태로 진행되고 있다.

8) 종합 평가: 지방 없는 수도권도 없다

결국 지방 공동화는 지방만의 문제가 아니다. 수도권 역시 지방의 붕괴에서 자유롭지 않다. 농업·관광·에너지·환경 자원은 대부분 지방에 의존하고 있으며, 수도권의 과밀은 지방의 공동화 없이는 설명될 수 없다. 지방이 살아야 수도권도 지속 가능하다. 지방을 살리는 일은 선택이 아니라, 국가적 생존의 전제 조건이다. 앞으로의 국토 정책은 단순한 '균형 발전'의 차원을 넘어, 지방 공동화 자체를 막아내는 생존 전략으로 자리 잡아야 한다.

# 제5장
사회안전망의 붕괴와 한국형 노후 빈곤

1절
한국 사회의 사회안전망 개념과 역사적 배경

1) 사회안전망의 개념

　사회안전망이란 개인과 가계가 감당하기 어려운 위험—실업, 질병, 빈곤, 노령, 돌봄—을 사회 공동체가 제도적으로 분담하는 장치를 말한다. 이는 단순히 현금 보조나 일시적 지원을 뜻하지 않는다. 국가가 제도적 장치를 마련하여 "누구도 최소한의 인간다운 생활에서 배제되지 않는다"는 사회적 합의를 구체화하는 체계다. 서구 복지국가에서는 이미 20세기 초반부터 연금·의료·실업 보험이 결합해 보편적 안전망을 형성했다. 그러나 한국의 경우, 사회안전망은 훨씬 늦게, 그리고 제한적으로 도입되었다.

2) 경제성장 우선 전략과 복지의 지연

　1960~80년대 한국은 압축적 근대화를 경험했다. 국가 정책의 최우선 목

표는 '성장'이었고, 복지는 성장 이후에 따라오는 부수적 결과로 간주되었다. 박정희 정권 시기에는 "잘 살아보세"라는 구호 아래 경제 개발 5개년 계획이 추진되었지만, 노동자의 산재 보상이나 의료보험은 뒷전이었다.

실제로 국민연금 제도는 1988년에야 도입되었고, 전국민 건강보험은 1989년에 완성되었다. 이는 경제규모로 보나, 사회적 요구로 보나 늦은 편이었다. 복지보다는 산업화에 필요한 사회간접자본, 수출 산업 육성이 우선시되었기 때문이다. 이 시기의 사회안전망은 '취약계층 보호'가 아니라, '성장 촉진을 위한 최소한의 조치'로 자리 잡았다.

3) 민주화와 복지 담론의 확산

1987년 민주화 이후, 사회안전망에 대한 요구가 본격화되었다. 노동자·농민·시민운동이 결집하여 사회적 권리를 주장했고, 이는 제도화로 이어졌다. 국민연금의 적용 범위가 점차 넓어지고, 기초생활보장제도가 도입되었다. 그러나 이 과정 역시 제한적이었다. 당시 국가 재정은 여전히 '작은 정부' 기조를 유지했고, 정치권 역시 보편적 복지보다는 선별적 지원에 머물렀다. 이 시기 복지 제도의 기초는 놓였지만, 안전망은 여전히 취약한 상태로 남았다.

4) IMF 외환위기와 '안전망의 민낯'

1997년 IMF 외환위기는 한국 사회안전망의 빈약함을 여실히 드러낸 사건이었다. 수많은 기업이 도산하고 대규모 실업자가 발생했지만, 실업급여 제도는 매우 제한적이었다. 국민연금은 이제 막 도입된 단계라 효과가 미미했고, 기초생활보장제도는 충분히 정비되지 않았다. 당시 수많은 가정이 빈곤으로 내몰렸고, 복지의 공백은 가족, 특히 여성과 노인의 희생으로 메워졌다. IMF 위기는 "한국에는 안전망이 없다"는 사회적 자각을 남겼고, 이후 복지 확대 담론을 촉발하는 계기가 되었다.

5) 2000년대 이후의 확대와 여전한 한계

2000년대에 들어 국민기초생활보장제도(2000), 장기요양보험(2008) 같은 새로운 제도가 도입되었다. 이는 노인 빈곤과 고령화 문제에 대한 첫 대응이었다. 그러나 보장 범위와 급여 수준은 여전히 제한적이었다. 국민연금은 제도권 안에 들어오지 못한 사각지대가 광범위했고, 기초연금은 최소한의 금액에 불과했다. 의료는 건강보험의 보장성이 OECD 평균보다 낮아, 중증 질환 환자는 여전히 큰 부담을 지고 있었다.

즉, 사회안전망은 넓어졌으나 깊이는 얕았다. 제도가 존재한다는 사실은 사회적 진전이었지만, 실제 위험을 흡수하기에는 역부족이었다.

6) 베이비부머 세대와 사회안전망의 불일치

베이비부머 세대는 한국 사회안전망의 불완전성을 가장 직접적으로 경험하는 집단이다.

- 국민연금이 도입될 때 이미 상당수가 중년이었기에, 가입 기간이 짧아 수령액이 적다.
- 기초연금은 부분적 보완에 그쳐 실질적 생활비로는 턱없이 부족하다.
- IMF와 금융위기 시기를 거치면서 고용 안정성이 크게 흔들렸고, 이에 대한 제도적 보상이 부족했다.

결과적으로 베이비부머 세대는 제도가 성숙하기 이전에 노동시장을 떠난 세대이자, 사회안전망의 공백을 온몸으로 감당한 세대가 되었다.

7) 소결: 제도의 늦은 출발, 축적되지 못한 신뢰

한국 사회안전망의 역사는 짧고, 제도의 신뢰는 축적되지 못했다. 사회안전망은 단순히 제도가 존재하는 것만으로 기능하지 않는다. 장기간에 걸쳐 충분한 보장성과 예측 가능성을 제공할 때, 비로소 개인과 가계는 제도를 신뢰하고 미래를 설계할 수 있다. 그러나 한국에서는 '제도의 늦은 출발'과 '보장의 얕은 깊이'가 결합해, 사회안전망이 제대로 뿌리내리지 못했다.

이러한 역사적 맥락은 곧 한국형 노후 빈곤이라는 오늘날의 현상으로 이어졌다. 사회안전망이 성장의 속도를 따라가지 못한 결과, 베이비부머 세대는 은퇴와 동시에 불안정성의 중심에 놓이게 된 것이다.

2절
연금 제도의 한계와 노후 빈곤

1) 연금의 원래 목적과 한국적 현실

연금 제도의 본래 목적은 은퇴 이후의 생활을 안정적으로 보장하는 데 있다. 노동시장에서 소득 활동을 하지 않아도, 일정 수준의 현금 흐름을 유지할 수 있도록 하는 생애소득 보장 장치가 바로 연금이다. 그러나 한국에서 연금은 그 본래 목적을 충분히 달성하지 못했다. 제도의 도입이 늦었고, 설계 단계에서부터 보편성과 안정성을 확보하지 못한 탓이다. 그 결과, 노후를 지탱하기에는 턱없이 부족한 '불완전한 안전망'에 머물러 있다.

2) 국민연금의 태생적 한계

국민연금은 1988년에 도입되었지만, 당시에 이미 중년이었던 베이비부머 세대는 충분한 가입 기간을 확보하지 못했다. 연금 수령액은 납입 기간과 금액에 따라 결정되는데, 이 세대는 10년~15년 정도만 납부한 경우가 많다. 그 결과 수령액은 평균 월 50만~60만 원 수준에 불과하다. 은퇴 이후 최소한의 생계비를 충당하기에는 턱없이 부족하다.

또한 국민연금은 소득 대체율이 꾸준히 하락해 왔다. 1990년대까지만 해도 70%였던 소득 대체율은 현재 40% 수준까지 낮아졌다. 정치적 합의 과정에서 보험료 인상은 꺼려지고, 급여 삭감은 반복되는 이중 구조 속에서 연금은 "있으나 마나 한 제도"라는 비판에 직면해 있다.

3) 기초연금과 사각지대

정부는 국민연금의 보완 장치로 2014년 기초연금을 도입했다. 하지만 월 30만 원 내외의 지급액은 생활비라기보다 '용돈' 수준에 가깝다. 게다가 소득·재산 기준에 따라 감액되거나 제외되는 경우가 많아, 실질적으로는 사각지대가 상당하다. 기초연금이 전체 노인의 빈곤을 해결하기에는 턱없이 부족하다는 점은 각종 통계에서 드러난다. 한국의 노인빈곤율은 여전히 40% 안팎으로 OECD 최고 수준이다.

4) 사적 연금의 불평등

퇴직연금이나 개인연금 같은 사적 연금은 고소득 정규직에게만 실질적인 혜택을 제공한다. 비정규직, 자영업자, 경력 단절 여성은 사적 연금에 가입하기 어렵고, 가입한다 해도 납입액이 적어 연금액이 미미하다. 결국 사적 연금은 사회 전체의 안전망이라기보다, 일부 계층을 위한 선택적 보완 장치에 불과하다. 이 불평등은 노후의 격차를 더욱 심화시킨다.

5) 연금과 노후 빈곤의 연결고리

한국의 노후 빈곤은 단순한 소득 부족이 아니라, 연금 제도의 불완전성과 직결되어 있다. 연금 제도가 충실하다면, 은퇴 이후 소득 단절에도 일정 수준의 생활을 유지할 수 있다. 그러나 한국에서는 국민연금 수령액이 낮고, 기초연금은 제한적이며, 사적 연금은 불평등하다. 그 결과 은퇴자 다수는 주택 자산에 의존하게 되고, 이는 다시 자산 가난이라는 모순을 낳는다. 결국 연금의 한계가 곧 노후 빈곤의 구조적 원인이 되는 셈이다.

6) 국제 비교: 한국의 특수성

OECD 평균 노후 소득 대체율은 약 60% 수준이다. 독일이나 스웨덴은 공적연금만으로도 기본 생활이 가능하다. 일본은 연금 수령액이 줄어든다고 해도 의료·돌봄 서비스가 제도적으로 보완된다. 그러나 한국은 연금 급여도 낮고, 복지 서비스도 빈약하다. 이중의 결핍이 결합해 노후 빈곤율이 가장 높은 사회로 나타난 것이다.

7) 사례 박스 H | "연금으로는 방세도 못 낸다"

서울에 사는 김모 씨(69세)는 국민연금을 15년 납입한 결과, 월 42만 원을 받고 있다. 기초연금을 합쳐도 70만 원 남짓이다. 그러나 보증부 월세로 사는 집의 임대료만 50만 원이고, 관리비와 공과금을 합치면 연금으로는 방세조차 감당하기 어렵다. 생활비와 의료비는 자녀에게 의존할 수밖에 없다. 김 씨의 사례는 연금 제도의 불완전성이 어떻게 곧바로 노후 빈곤으로 이어지는지를 보여준다.

8) 소결: 제도의 불완전성이 곧 불안정한 노후

연금은 노후를 지탱하는 최소한의 제도여야 한다. 그러나 한국의 연금 제도는 늦게 시작되었고, 불완전하게 설계되었으며, 여전히 정치적 합의의 대상이 되어 안정적이지 않다. 그 결과 베이비부머 세대를 비롯한 은퇴 세대는 충분한 보장을 받지 못하고, 주택과 자녀에 의존하는 불안정한 삶을 살아간다. 연금의 한계가 곧 한국형 노후 빈곤의 구조적 근원이다.

3절
돌봄·의료·주거 안전망의 붕괴

1) 서론: 노후의 세 가지 기둥

노후의 삶을 지탱하는 기둥은 소득, 돌봄, 의료, 그리고 주거다. 연금이 소득을 담당한다면, 돌봄과 의료는 신체적 약화를 보완하고, 주거는 생활의 기본 토대가 된다. 그러나 한국 사회에서는 이 세 가지 안전망 모두가 불완전하다. 돌봄은 가족에게 과도하게 의존하고, 의료는 수도권 중심으로 집중되어 있으며, 주거는 고령자의 특성과 맞지 않는 구조로 남아 있다. 결국 노후는 소득뿐 아니라 생활 전반에서의 불안정성으로 채워지고 있다.

2) 돌봄 안전망의 취약성

한국에서 돌봄은 오랫동안 '가족의 몫'으로 여겨졌다. 노인이 병들거나 거동이 불편해지면, 자녀가 직접 돌보는 것이 당연시되었다. 그러나 핵가족화와 가구분화가 진행되면서 이 모델은 더 이상 유지되기 어렵게 되었다. 자녀는 수도권에서 일자리를 얻고 부모는 지방에 남는 경우가 많아, 물리적 거리가 돌봄을 가로막는다. 또한 여성의 경제활동 참여가 증가하면서 전통적 돌봄 역할을 전담할 수 있는 가족 구성원도 줄어들었다.

정부는 이를 보완하기 위해 2008년 장기요양보험 제도를 도입했지만, 서비스 범위와 질은 여전히 제한적이다. 경증 치매 환자나 일상생활에 약간의 보조가 필요한 노인은 지원 대상에서 제외되기 일쑤다. 요양시설은 부족하고, 인력은 열악하며, 비용은 가계가 상당 부분 부담해야 한다. 돌봄이 제도화되었다고 하지만, 실제로는 여전히 가족에게 책임이 전가되는 구조가 지속되고 있다.

3) 의료 접근성의 격차

의료 안전망 역시 불완전하다. 한국은 전국민 건강보험 제도를 갖추고 있지만, 의료 자원의 공간적 분포는 극심하게 불균형하다. 500병상 이상 대형병원의 70% 이상이 수도권에 몰려 있고, 지방 중소도시의 병원은 만성적 인력 부족과 재정난에 시달린다.

그 결과 지방의 고령자는 중증 질환 치료를 위해 반드시 수도권 병원을 찾아야 한다. 교통비와 숙박비는 추가 부담이 되고, 병원 인근에서 가족이 함께 생활해야 하는 경우도 잦다. 의료 서비스가 국가적으로 보편적이라고 하더라도, 실질적 접근성은 지역과 계층에 따라 크게 다르다.

또한 건강보험의 보장성 자체도 OECD 평균에 비해 낮다. 암, 희귀질환, 만성질환 치료에는 여전히 많은 본인부담금이 요구된다. 의료비는 노년 가구의 파산 요인으로 작동하며, 결과적으로 노후 빈곤을 심화시킨다.

4) 주거 안전망의 부재

주거 문제는 노년층에게 더욱 심각하다. 한국 노인의 주택 소유율은 비교적 높지만, 그 자산은 현금흐름을 만들지 못하는 '잠긴 자산'이다. 자녀와 함께 살던 대형 아파트나 오래된 단독주택은 은퇴 후 생활비를 마련하는 데 도움이 되지 않는다. 반대로 월세나 전세에 사는 고령자는 매달 고정 지출을 감당하지 못해 빈곤에 내몰린다.

무엇보다 고령자에게 적합한 주택이 부족하다. 휠체어나 보행 보조기를 사용하는 노인에게는 무장애 설계가 필요하지만, 한국의 주택은 계단과 높은 문턱이 여전히 많다. 안전바나 엘리베이터 같은 기본적 장치도 충분히 갖추어져 있지 않다. 공공임대주택은 수요에 비해 턱없이 부족하고, 대기 기간은 수년이 걸린다. 결국 노인은 '가지고 있어도 불편한 집', '없어서 불안한 집' 사이에 갇히게 된다.

5) 사례 박스 Ⅰ | "돌봄은 멀고, 집은 낡고"

경북의 한 농촌 마을에 사는 박 씨(74)는 고관절 수술 이후 혼자 거동하기 어렵다. 장기요양등급 판정에서 기준에 미치지 못해 지원을 받을 수 없었고, 자녀들은 모두 서울에 거주해 주말에만 찾아올 수 있다. 집은 오래된 슬래브 구조로, 계단과 문턱이 높아 이동이 위험하다. 그는 "도움이 필요할 때는 없고, 집은 오히려 나를 가둔다"고 말한다. 이 사례는 돌봄·의료·주거 안전망이 동시에 붕괴했을 때 노인이 얼마나 고립될 수 있는지를 보여준다.

6) 종합 평가: 생활의 기초가 무너진 노후

돌봄, 의료, 주거는 소득만큼이나 노후의 삶을 지탱하는 핵심 요소다. 그러나 한국 사회에서 이 세 가지는 모두 취약하다. 돌봄은 가족에 과도하게 의존하고, 의료는 수도권 중심으로 집중되어 있으며, 주거는 고령자의 특성과 맞지 않는 구조에 머물러 있다. 그 결과 노인은 생활 전반에서 불안정성을 경험한다. 이는 단순히 개인의 문제가 아니라, 제도가 노후를 뒷받침하지 못한 사회적 실패다.

4절
한국형 노후 빈곤의 구조적 특성

1) 서론: OECD 최악의 노인 빈곤율

한국은 OECD 회원국 가운데 노인 빈곤율 1위라는 불명예를 안고 있다. 전체 노인의 약 40%가 상대적 빈곤선 이하에서 생활한다는 통계는, 단순한 숫자를 넘어 사회적 비극을 드러낸다. 다른 국가들과 비교할 때 한국의 노후 빈곤은 단순히 소득 부족만이 아니라, 제도의 부재와 사회적 구조가 맞물린 복합 현상이다. 다시 말해, 노후 빈곤은 개인의 실패가 아니라 사회 시스템의 불완전성이 만들어낸 구조적 문제다.

2) 자산은 있으나 현금흐름이 없는 '자산 가난'

한국 노인의 상당수는 집 한 채를 보유하고 있다. 그러나 이 집은 노후 생활을 위한 현금흐름을 만들어내지 못한다. 집값은 높지만, 팔면 거주할 곳이 사라지고, 대출 담보로 활용하려 해도 고령자라는 이유로 금융 접근이 제한된다. 그 결과 '자산은 있으나 쓸 수 없는 상태'가 된다. 이 현상은 특히 수도권 아파트를 보유한 은퇴 세대에게서 두드러진다. 그들은 통계상 부자이지만, 실제 생활은 빈곤하다. "집은 있는데 현금은 없는" 모순된 상태가 한국형 노후 빈곤의 가장 큰 특징이다.

3) 세대 간 전가 구조

한국 사회의 노후 빈곤은 세대 간 부담 전가로 이어진다. 연금이 충분하지 않고, 돌봄과 의료가 제도적으로 보장되지 않으니, 자녀 세대가 부모의 생활비와 간병을 떠맡는다. 이는 청년 세대의 결혼과 출산을 지연시키고, 다시 인구 구조 악화를 불러오는 악순환을 만든다. 부모 세대의 노후 빈곤이 자녀 세대의 미래 불안을 증폭시키는 구조가 형성되는 것이다.

서구 사회에서 노후 빈곤은 사회보험이 흡수하는 반면, 한국에서는 가족이 흡수한다. 그러나 가족의 돌봄 역량이 약화된 지금, 이 구조는 지속 불가능하다. 그럼에도 불구하고 제도적 대안은 미약하다.

4) 사회적 고립과 고독사의 그림자

경제적 빈곤은 사회적 고립을 동반한다. 노인이 빈곤하면 외부 활동을 줄이고, 사회적 관계망은 급속히 축소된다. 이는 정신적 건강 악화로 이어지며, 최근 급증하는 고독사 문제와 직결된다. 특히 1인 노인가구의 비율이 높아지면서, 노후 빈곤은 단순히 소득 부족의 문제가 아니라 삶의 존엄과 직결된 문제로 부상했다. 고독사 사건이 반복적으로 보도되는 것은, 한국 사회가 노인의 삶을 공동체적 차원에서 지탱하지 못한다는 증거다.

5) 제도의 미성숙과 사회문화적 요인

한국형 노후 빈곤은 제도의 미성숙뿐 아니라, 사회문화적 요인과도 연결된다.

첫째, 효(孝) 문화의 약화: 전통적으로 자녀 부양에 의존했던 노인들은 자녀 세대의 가치관 변화와 경제적 어려움 속에서 더 이상 그 기대를 충족할 수 없다.

둘째, 저축 중심의 경제 습관: 노후 대비가 금융 자산보다는 부동산 축적에 치우쳤다. 이는 고령화 이후 유동성 부족 문제를 심화시켰다.

셋째, 정책의 단기성: 선거 주기마다 포퓰리즘적 현금 지원이 등장했지만, 장기적이고 체계적인 노후 보장 제도는 마련되지 않았다.

6) 국제 비교: 복합적 불리함의 결합

독일이나 스웨덴은 높은 소득대체율의 연금과 강력한 사회복지 서비스가 결합해 노후 빈곤을 예방한다. 일본은 연금 수준은 낮지만, 의료·돌봄 서비스가 보완되어 빈곤율이 상대적으로 낮다. 반면 한국은 연금, 돌봄, 의료, 주거 어느 것도 충실하지 못하다. 모든 요소가 동시에 취약한 드문 사례라는 점이 한국형 노후 빈곤의 특수성이다.

7) 사례 박스 J | "집값은 올랐는데, 삶은 더 팍팍하다"

서울 외곽의 아파트에 사는 최모 씨(72)는 시세로는 8억 원이 넘는 집을 보유하고 있다. 그러나 연금은 월 55만 원에 불과하고, 건강 악화로 의료비 지출이 늘어 생활이 빠듯하다. 집을 팔면 거주 문제가 생기고, 전세나 월세로 전환하기도 두렵다. 그는 "신문에선 자산가라지만, 매달 통장은 비어간다"고 말한다. 이 사례는 한국형 노후 빈곤의 '자산 부자, 생활 빈곤' 현실을 단적으로 보여준다.

8) 소결: 한국형 노후 빈곤의 구조적 특성

한국의 노후 빈곤은 다음과 같은 구조적 특성을 가진다.

   자산은 있으나 현금흐름이 부족한 '자산 가난'

세대 간 부담 전가 구조

사회적 고립과 고독사의 심화

제도의 미성숙과 문화적 요인의 결합

이 네 가지가 맞물려, 한국 사회의 노후 빈곤은 OECD 최악의 수준으로 나타나고 있다. 이는 단순한 경제 지표가 아니라, 사회안전망이 부재한 사회의 총체적 성적표라고 할 수 있다.

5절
종합 평가: 베이비부머, 한국형 노후 빈곤의 상징

1) 베이비부머의 역사적 위치

베이비부머 세대는 1955년부터 1963년 사이에 태어난 인구 집단으로, 한국 현대사의 압축적 변화를 온몸으로 겪은 세대다. 어린 시절에는 전쟁의 폐허와 가난을 체험했고, 청년기에는 산업화의 노동력이자 도시화의 주역으로 참여했다. 그들의 노동은 고속성장의 기초가 되었고, 수출 산업의 기적은 바로 이 세대의 땀과 희생에서 비롯되었다. 그러나 산업화 시대의 노동은 장시간·저임금 구조였고, 노후를 대비할 사회적 장치는 거의 없었다. 즉, 베이비부머는 한국의 경제 성장을 일군 세대이면서도, 그 성과를 제도적으로 보상받지 못한 세대이기도 하다.

2) 불완전한 사회안전망과 맞닿은 세대

이 세대가 은퇴 연령에 도달했을 때, 사회안전망은 아직 미완성이었다.

국민연금은 늦게 도입되어 가입 기간이 짧았고, 기초연금은 생활비를 충당하기엔 턱없이 부족했다. 돌봄과 의료 안전망 역시 체계적이지 않았으며, 고령자 맞춤형 주거는 거의 부재했다. 결과적으로 베이비부머 세대는 사회안전망의 공백 속에서 노후를 맞이하게 되었고, 이들의 삶은 한국 사회안전망의 취약성을 드러내는 거울이 되었다.

3) '자산 가난'의 전형

베이비부머 세대는 주택을 자산 축적의 주요 수단으로 삼았다. 그러나 이는 노후의 안전망으로 기능하지 못했다. 집은 시세로는 수억 원의 가치를 가지지만, 그것을 현금흐름으로 전환할 제도적 장치가 부족하다. 금융권은 고령자 대출에 소극적이고, 역모기지 제도는 활성화되지 않았다. 따라서 많은 베이비부머는 "부동산 자산가는 되었다가도 생활 빈곤층으로 전락하는" 모순적 현실을 살아가고 있다.

4) 세대 간 부담의 전가

베이비부머 세대의 불안정한 노후는 자녀 세대의 부담으로 전가된다. 생활비와 의료비를 자녀에게 의존하거나, 손자녀 돌봄을 조건으로 금전적 지원을 기대하는 경우가 많다. 이는 청년 세대의 경제적 자립을 가로막고, 결혼과 출산을 지연시키는 요인으로 작용한다. 결국 베이비부머의 노후 빈곤은 현재 세대의 문제일 뿐 아니라, 미래 세대의 인구·경제 구조까지 위협하는 세대 간 연쇄적 위기를 낳는다.

5) 상징적 세대: 한국 사회의 구조적 결함을 드러내다

베이비부머 세대는 단순히 한 인구 집단이 아니라, 한국 사회 구조의 결함을 압축적으로 보여주는 상징이다. 이들의 삶을 보면 다음과 같은 사실이 드러난다.

> 성장 중심 발전 전략은 노후 보장을 뒷전으로 밀어냈다.
> 사회안전망은 늦게 도입되어 충분히 작동하지 못했다.
> 자산 중심 축적 모델은 노후 생활을 지탱하지 못했다.
> 세대 간 연대는 약화되었지만, 제도는 이를 대신하지 못했다.

즉, 베이비부머 세대는 한국형 노후 빈곤을 대표하는 집단이자, 앞으로 다가올 미래 세대의 위험을 미리 보여주는 경고등이다.

6) 종합 평가: 베이비부머는 한국 사회의 거울이다

베이비부머 세대는 한국형 노후 빈곤의 상징이다. 그들의 삶은 사회안전망의 부재, 자산 구조의 모순, 세대 간 불평등, 사회적 고립의 문제를 한데 압축하고 있다. 동시에 그들의 삶은 한국 사회 전체의 미래를 예고한다. 지금 베이비부머가 겪는 어려움은 곧 X세대와 밀레니얼 세대가 맞이할 노후의 모습일 수 있다. 따라서 베이비부머 세대의 노후 빈곤은 특정 세대의 문제가 아니라, 한국 사회 전체가 직면한 구조적 과제다.

7) 소결: 다음 단계로의 연결

제1부의 논의는 여기서 하나의 귀결점에 도달한다. 수도권 집중, 주택 자산 구조, 인구구조 변화, 지방 공동화, 그리고 사회안전망의 붕괴가 서로 맞물려, 베이비부머 세대의 노후 빈곤이라는 현실로 드러났다. 이들은 단순한 수혜 집단이 아니라, 한국 사회 위기의 집약적 상징이다.

따라서 제2부에서는 이 위기를 극복하기 위한 새로운 해법, 즉 6차 산업과 콤팩트 시티를 결합한 생활·생산 자립형 신도시 모델을 본격적으로 모색해야 한다. 문제의 진단이 끝났다면, 이제 해법의 구조화를 시작할 차례다.

제 2 부

6차 산업단지의 구상

02

6차 산업 단지의 구상

제1장
6차 산업의 개념과 한국형 적용 가능성

1절
6차 산업의 정의와 이론적 배경

1) 6차 산업의 등장 배경

농업은 오랫동안 1차 산업으로만 인식되어 왔다. 씨를 뿌리고 수확하여 시장에 내다 파는 생산 중심 산업으로, 부가가치는 제한적이었다. 그러나 20세기 후반 이후, 농업만으로는 농촌 경제를 유지하기 어렵다는 현실이 전 세계적으로 드러났다. 농가 소득은 도시 노동자에 비해 낮았고, 청년은 농촌을 떠나 도시로 이동했으며, 농촌은 인구 공동화와 고령화의 이중 부담을 안게 되었다.

이런 위기 속에서 일본에서 처음 제시된 개념이 바로 "6차 산업화(六次産業化)"였다. 일본 농림수산성은 1990년대 초반부터 농업을 단순한 생산에 한정하지 않고, 가공(2차 산업), 유통·관광·서비스(3차 산업)와 융합하여 새로운 부가가치를 창출하는 전략을 추진했다. 1차 × 2차 × 3차 = 6

차라는 수학적 은유는 농업을 종합 산업으로 재정의하려는 시도였다. 이 개념은 이후 유럽, 특히 프랑스와 네덜란드의 농촌 관광 및 지역 산업 정책과 결합하면서 국제적으로 확산되었다.

2) 6차 산업의 핵심 원리

6차 산업의 핵심은 융합과 순환이다.

융합은 1차(생산)·2차(가공)·3차(서비스)를 단일 가치사슬로 묶는 것이다. 예를 들어 사과를 재배하는 농가는 단순히 사과를 출하하는 데서 그치지 않고, 이를 가공해 잼과 주스를 만들고, 농장을 관광·체험 공간으로 개방하여 소비자와 직접 연결한다.

순환은 지역 내 자원을 활용해 생산·소비가 이루어지고, 그 과정에서 발생하는 수익이 다시 지역으로 돌아가는 구조를 뜻한다. 즉, 농촌이 외부 자본에 종속되지 않고 자립적 경제 구조를 갖추는 것이다.

이 원리를 통해 농업은 단순 생산업이 아니라, 지역 경제를 지탱하는 종합 플랫폼으로 전환된다.

3) 일본과 유럽의 사례

일본의 나가노현은 사과 농업을 6차 산업화한 대표적 사례다. 단순 재배에서 가공, 체험 관광, 브랜드화로 이어지면서, 농가 소득은 안정화되고 지역이 활력을 되찾았다. 프랑스 보르도 지방의 와인 산업도 같은 원리다. 포도 재배(1차) → 와인 가공(2차) → 와이너리 투어와 미식 관광(3차)을 결합하여 지역 전체가 세계적 관광 명소가 되었다. 네덜란드 역시 치즈와 화훼 산업을 가공·관광과 접목하여 막대한 부가가치를 창출했다.

이러한 해외 사례는 농업이 단순히 시장의 주변부 산업이 아니라, 지역

발전의 핵심 축이 될 수 있음을 보여준다.

4) 한국 사회와 6차 산업 논의의 필요성

한국 농촌은 고령화와 인구 유출로 빠르게 쇠퇴하고 있다. 전통적 농업만으로는 농가 소득을 유지할 수 없고, 청년 세대는 농촌에 미래를 기대하지 않는다. 그러나 한국은 동시에 세계에서 가장 빠른 속도로 디지털 기술과 스마트 농업을 도입할 잠재력을 가진 나라다. ICT 기술, 물류망, 콘텐츠 산업이 발달한 환경에서, 6차 산업은 단순한 농업 대안이 아니라 지역 재생과 국가 균형 발전의 전략이 될 수 있다.

특히 베이비부머 세대의 은퇴와 고령화 문제를 고려할 때, 6차 산업은 고령층에게 적합한 경량 노동을 제공할 수 있다. 농업 생산은 자동화로 보완하고, 체험·관광·서비스 부문에서 노인의 경험과 사회적 자본을 활용한다면, 노후 소득 보장과 지역 활력 회복을 동시에 달성할 수 있다.

5) 이론적 함의

6차 산업은 단순한 경제 모델이 아니다. 그것은 사회적 연대와 지역 공동체 회복이라는 함의를 가진다. 농업이 생산을 넘어 돌봄·교육·문화와 연결될 때, 농촌은 더 이상 낙후된 공간이 아니라 새로운 사회적 실험장이 된다. 이는 생산적 복지의 모델이자, 한국형 사회안전망을 보완하는 대안이 될 수 있다.

6) 소결: 한국형 6차 산업의 잠재력

6차 산업은 일본에서 출발했지만, 한국에서야말로 절실히 요구된다. 농업의 쇠퇴, 지방 공동화, 고령화, 사회안전망의 부재라는 다층적 위기를 동시에 풀어낼 수 있는 전략이기 때문이다. 한국형 6차 산업은 단순히 농촌 발전이 아니라, 국가의 균형 발전과 고령사회 해법이라는 차원에서 다시 정의되어야 한다.

2절
한국 농업·농촌의 현실과 고령사회에서의 활용 가능성

1) 농업·농촌의 현재 조건

오늘날 한국의 농업은 '생산 기반은 약화되고, 인구는 고령화된' 이중의 위기에 놓여 있다. 전체 인구에서 농업 인구가 차지하는 비중은 5%에도 미치지 못하고, 농업 총생산에서 GDP가 차지하는 비율은 2% 내외로 축소되었다. 그러나 이 소수의 농업 인구는 여전히 한국 사회의 식량 공급을 책임지고 있다. 문제는 농업에 종사하는 인구의 연령 구조다. 농업 종사자의 평균 연령은 이미 67세를 넘어섰고, 70대 농민도 흔하다. 청년은 농촌을 떠나고, 중년은 귀농을 망설이며, 남은 고령층은 노동력이 쇠퇴한 상태에서 농촌을 지탱하고 있다.

농촌의 사회적 조건 또한 열악하다. 의료·교육·문화 인프라가 부족하고, 교통망은 고립적이며, 지역 경제는 침체되어 있다. 농촌은 단순히 '생산의 공간'이 아니라, 생활 조건 자체가 한계에 부딪힌 공간으로 전락하고 있는 것이다.

2) 농업의 구조적 불안정성

한국 농업은 구조적으로 불안정하다.

첫째, 영세성이다. 대부분의 농가는 소규모 경작을 이어가고 있으며, 기계화와 스마트팜 도입도 제한적이다. 둘째, 가격 변동성이 크다. 쌀, 마늘, 배추 등 주요 품목은 매년 과잉 생산과 가격 폭락이 반복된다. 셋째, 농가 소득의 다변화가 이루어지지 못했다. 도시 근로자의 가계는 금융·서비스·부업으로 분산되어 있지만, 농가는 여전히 농업 소득 의존도가 높다. 그 결과 농촌 가계는 가격·기후·수급 변화에 매우 취약하다.

이러한 불안정성은 농업을 단순 생산에만 묶어둘 수 없음을 보여준다. 가공과 서비스가 결합하지 않는다면, 농업은 지속 가능하지 않다.

3) 고령사회의 도전과 기회

농업·농촌의 위기는 고령사회라는 한국의 인구 구조 변화와 맞물려 있다. 고령 농민은 노동 강도가 높은 전통 농업을 지속하기 어렵다. 하지만 동시에, 고령자들은 농업을 통해 일정 부분의 경제 활동을 유지할 수 있다. 문제는 농업이 고령자에게 적합한 형태로 재구조화되지 않았다는 점이다.

예컨대 전통적 논농사나 밭농사는 고강도의 노동을 필요로 하지만, 수경재배·스마트팜·소규모 가공은 고령자도 충분히 참여할 수 있다. 즉, 농업이 '기계화·자동화·경량화'된다면, 고령층은 단순 수혜자가 아니라 생산적 복지의 주체로 재등장할 수 있다.

4) 농촌 공간의 잠재력

한국 국토의 70% 이상은 산지다. 과거에는 개발의 제약 요인으로만 여겨졌지만, 디지털 기술과 교통망이 발달한 오늘날에는 새로운 잠재력이 된다. 산지 농촌은 기후적 쾌적성, 자연 경관, 치유 자원, 관광 잠재력을 지닌 공간이다. 스마트팜이나 농촌형 관광 산업은 바로 이런 공간적 자원을 활용할 수 있다. 수도권의 고밀·고비용 구조와 달리, 농촌은 비교적 낮은 비용으로 넓은 부지를 활용할 수 있다는 장점도 있다.

5) 농업·농촌과 고령층 활용 가능성의 결합

결국 한국 농업·농촌의 위기는 곧 기회다. 농업을 6차 산업으로 전환한다면, 고령자에게 다음과 같은 역할이 가능하다.

- 스마트팜 경량 노동: 자동화 설비 관리, 모종 이식, 간단한 수확 작업.
- 가공 산업 참여: 잼·건조식품·발효식품 등 소규모 가공은 고령자도 충분히 수행 가능.
- 농촌 체험·관광의 안내자: 도시민을 대상으로 한 체험 활동에서 고령자의 경험은 콘텐츠가 된다.
- 지역 공동체 운영: 생활 협동조합, 공동 급식, 돌봄 활동에 참여.

즉, 농업·농촌은 고령사회의 '수요자'가 아니라, 노후 소득·일자리·공동체 참여의 장이 될 수 있다.

6) 사례 박스 K | "스마트팜에서 다시 찾은 일터"

전북의 한 농촌 마을에서는 70대 농민들이 스마트팜에서 딸기를 재배한다. 자동 온습도 조절 시스템과 양액 공급 장치가 설치되어 있어, 노동 강도는 과거와 비교할 수 없을 만큼 낮다. 노인들은 오전 몇 시간만 작업하고도 일정한 소득을 올릴 수 있고, 도시 방문객을 대상으로 체험 프로그램을 진행하며 부가수입도 얻는다. 한 농민은 "예전에는 몸이 힘들어 농사를 그만두려 했지만, 이제는 일도 하고 돈도 벌고 사람도 만난다"며 만족감을 드러냈다.

7) 종합 평가

한국 농업과 농촌은 위기와 기회가 공존한다. 고령화, 영세성, 가격 불안정성은 위기의 요소지만, 동시에 스마트 기술, 농촌 공간 자원, 고령자의 사회 참여 가능성은 기회의 요소다. 중요한 것은 농업을 1차 산업으로 고립시키지 않고, 6차 산업으로 확장하는 것이다. 그렇게 할 때 농업·농촌은 고령사회의 부담이 아니라, 새로운 성장 동력과 복지 모델의 기반이 될 수 있다.

3절
스마트팜, 스마트팩토리, 농촌 관광 융합 모델

1) 서론: 농촌 경제의 새로운 구조적 해법

농업·농촌의 위기는 더 이상 전통적 방식으로 해결되지 않는다. 단순히 생산량을 늘리거나 보조금을 지급하는 방식은 일시적 효과에 그칠 뿐, 구조적 회복력을 만들어내지 못한다. 이제 농업은 단순히 '곡식과 채소를 재배하는 산업'이 아니라, 첨단 기술과 서비스, 관광이 결합한 종합 산업으로 전환되어야 한다. 이 전환을 구체적으로 보여주는 것이 바로 스마트팜·스마트팩토리·농촌 관광의 융합 모델이다.

2) 스마트팜: 자동화된 농업의 혁신

스마트팜은 정보통신기술(ICT)을 활용하여 농작물의 생육 환경을 자동으로 제어하고 관리하는 농업 방식이다. 온도, 습도, 조도, 양분, 수분이 모두 센서와 제어 장치로 관리되며, 농민은 모바일 기기로 원격 모니터링과 제어를 할 수 있다.

스마트팜의 가장 큰 장점은 노동 강도의 혁신적 경감이다. 전통 농업이 고강도의 노동력을 필요로 했다면, 스마트팜은 기계가 노동을 대신한다. 노인은 간단한 관리와 점검만으로 생산 활동을 지속할 수 있으며, 청년은 데이터 분석과 시스템 최적화에 참여할 수 있다. 이렇게 되면 세대 간 협업이 가능해지고, 농업이 청년과 노인을 동시에 포용하는 산업으로 바뀐다.

스마트팜은 또한 기후 변화에 대응할 수 있다. 이상 기온이나 집중 호우, 가뭄과 같은 자연재해 속에서도 안정적으로 작물을 재배할 수 있다는 점은 식량 안보 차원에서도 중요한 의미를 가진다.

3) 스마트팩토리: 농촌 제조업의 가능성

스마트팩토리는 단순히 농산물을 가공하는 시설을 넘어, 소규모 자동화 제조업으로 농촌 경제를 확장하는 개념이다. 예를 들어, 딸기를 수확한 뒤 이를 자동화 설비로 잼·주스·건조 딸기 칩으로 가공하는 공장은 단순히 부가가치를 높이는 데 그치지 않는다. 지역 내 고용을 창출하고, 브랜드화를 가능하게 하며, 온라인 유통을 통해 전국·글로벌 시장으로 진출할 수 있다.

스마트팩토리는 고령자와 청년이 함께 참여할 수 있다. 고령자는 전통적 제조 기술이나 가공 경험을, 청년은 자동화 기계 운영과 온라인 마케팅을 담당하는 식이다. 이렇게 농촌 제조업은 단순히 생산의 끝단이 아니라, 농촌의 산업적 자립 기반이 될 수 있다.

4) 농촌 관광: 체험과 학습, 소비의 결합

스마트팜과 스마트팩토리는 생산과 가공을 담당한다면, 농촌 관광은 소비와 체험을 담당한다. 농촌은 도시민에게 단순한 여행지가 아니라, 교육과 치유, 경험의 공간으로 전환될 수 있다.

예컨대, 도시의 가족은 주말에 농촌을 방문해 스마트팜에서 딸기를 수확하고, 스마트팩토리에서 만든 잼을 체험하며, 지역 펜션이나 민박에서 숙박할 수 있다. 아이들은 농업을 배우고, 부모는 농촌의 여유를 즐긴다. 이는 단순한 관광이 아니라, 농업 생산-가공-소비가 하나의 순환 구조로 이어지는 완결형 모델을 만든다.

또한 농촌 관광은 지역 콘텐츠와 결합할 수 있다. 전통 문화, 지역 축제, 자연 경관, 치유 자원은 관광의 매력을 높인다. 이는 곧 지역 브랜드의 형성과 직결된다.

5) 세 가지 축의 융합 효과

스마트팜, 스마트팩토리, 농촌 관광은 각각 독립적으로도 효과가 있지만, 세 가지가 융합할 때 비로소 6차 산업의 완결성을 가진다.

- 스마트팜이 농산물 생산을 책임지고,
- 스마트팩토리가 가공과 부가가치를 높이며,
- 농촌 관광이 외부 소비를 흡수한다.

이 세 축이 연결되면, 농촌 경제는 내부 소득(생산·가공) + 외부 매출(관광·체험)의 이중 엔진으로 작동한다. 더 이상 외부 보조금이나 보상에 의존하지 않고, 지역 스스로 자립할 수 있는 구조가 만들어지는 것이다.

6) 사례 박스 L | "한 마을, 세 가지 산업"

경기도 Y군의 한 농촌 마을은 최근 6차 산업 모델을 도입했다.

- 주민 협동조합이 스마트팜에서 토마토를 재배하고,
- 인근 공장에서 이를 건조 토마토와 소스 형태로 가공하며,
- 주말마다 도시민이 방문해 수확 체험과 쿠킹 클래스를 즐긴다.

이 모델은 지역 내에서 연간 수억 원의 매출을 기록했고, 청년 귀농인과 고령 농민이 함께 일자리를 나눌 수 있었다. 주민은 "농촌이 더 이상 쇠퇴의 공간이 아니라, 새로운 실험의 공간이 되었다"고 평가했다.

7) 종합 평가

스마트팜, 스마트팩토리, 농촌 관광은 단순한 산업적 대안이 아니라, 농촌의 구조를 근본적으로 재편하는 융합 모델이다. 이 모델은 농촌의 쇠퇴를 막고, 고령자와 청년이 함께 일하며, 지역이 자립할 수 있는 구조를 만든다. 나아가 이 융합 모델은 농업을 넘어서, 한국 사회 전체의 고령화·주거·소득·관계 위기를 해결하는 열쇠가 될 수 있다.

4절
일자리 창출과 고령층 경량 노동 모델

1) 서론: 고령화 사회와 노동의 재구성

한국 사회는 빠른 속도의 고령화를 경험하면서, 노동의 개념을 새롭게

재구성해야 하는 상황에 직면했다. 전통적으로 노동은 청·장년층의 전유물로 간주되어 왔지만, 평균 수명이 83세에 달하는 사회에서 60세 이후의 생애는 결코 '여생'으로 치부할 수 없다. 은퇴 이후에도 20년 가까운 시간이 남아 있으며, 이 기간을 무위와 빈곤 속에서 보내는 것은 개인과 사회 모두에게 손실이다. 따라서 고령층이 참여할 수 있는 새로운 형태의 일자리를 창출하는 것은 고령화 사회의 핵심 과제가 된다.

2) 기존 노동 시장에서의 배제

현실에서 고령자는 기존 노동시장에서 배제된다. 기업은 생산성과 효율성을 이유로 50대 이후 노동자를 구조조정의 대상으로 삼고, 60세 정년은 사실상 강제 퇴직을 의미한다. 일부는 단순노무직이나 비정규직으로 재취업하지만, 소득 수준은 현저히 낮다. 이로 인해 은퇴자 상당수가 '일할 능력은 있지만 일할 기회가 없는 상태'에 놓인다. 고령층의 잠재적 노동력은 방치되고, 사회는 그만큼 생산적 자원을 낭비한다.

3) 6차 산업과 고령자 노동의 접점

6차 산업은 고령자 노동력을 흡수할 수 있는 구조적 특성을 가진다.

- 스마트팜은 노동 강도가 낮고, 자동화 설비 관리나 단순 수확·포장 업무는 고령자가 무리 없이 수행할 수 있다.
- 스마트팩토리는 식품 가공이나 품질 검수, 포장, 출하 업무 등 세밀함과 경험을 요하는 영역에서 고령자의 역할을 살릴 수 있다.

농촌 관광은 체험 안내, 전통 기술 전수, 음식 조리, 손님 응대 등에서 고령자의 사회적 경험과 친화력을 활용할 수 있다.

즉, 6차 산업의 융합 모델은 고령자의 신체적 한계를 보완하면서, 그들의 경험과 사회성을 적극적으로 활용할 수 있는 장점을 가진다.

4) 경량 노동 모델의 구체적 유형

고령층이 참여할 수 있는 일자리는 고강도 노동이 아니라 경량 노동이어야 한다. 그 구체적 유형은 다음과 같다.

- 관리형 노동: 자동화 농장의 환경 모니터링, 데이터 확인, 장치 점검 등.
- 보조형 노동: 모종 심기, 포장, 단순 조립, 청결 유지 같은 작업.
- 서비스형 노동: 농촌 관광 해설, 전통 음식 체험 지도, 마을 게스트하우스 관리.
- 사회적 노동: 공동 취사, 공동 돌봄, 지역 프로그램 운영.

이러한 경량 노동은 신체적 부담을 최소화하면서도 소득 창출과 사회적 관계 형성에 기여한다.

5) 경제적·사회적 효과

고령층 경량 노동 모델은 단순한 일자리 창출을 넘어, 여러 효과를 가진다.

- 소득 보전: 연금이 부족한 상황에서 일정한 현금흐름을 제공한다.
- 건강 증진: 가벼운 노동은 신체 활동을 유지하게 해 노화 속도를 늦춘다.
- 사회적 관계 회복: 공동 노동과 관광객 응대를 통해 사회적 고립을 완화한다.
- 지역 공동체 강화: 고령자가 생산 주체로 참여함으로써, 마을 경제와 공동체 결속력이 회복된다.

6) 사례 박스 M | "은퇴 후 다시 찾은 사회적 자리"

경남의 한 마을에서 은퇴한 68세 이모 씨는 스마트팩토리에서 잼 포장과 품질 검수를 맡고 있다. 하루 4시간, 주 3일 일하지만, 한 달에 60만 원의 소득을 얻는다. 그는 "돈보다도 사람들이랑 같이 일하고 손님도 맞이하는 게 즐겁다"며, 이전의 은둔적 생활에서 벗어난 것을 가장 큰 보람으로 꼽았다. 이 사례는 고령층 경량 노동이 단순히 경제적 보조가 아니라, 존재의 의미와 사회적 역할 회복을 제공한다는 사실을 보여준다.

7) 종합 평가

6차 산업의 융합 모델은 고령층에게 새로운 일자리를 제공하는 현실적 해법이다. 노동 강도를 낮추면서도 사회적 기여와 소득을 동시에 가능하게 하는 경량 노동 모델은, 한국형 고령사회가 직면한 핵심 문제—소득 단절과 사회적 고립—을 동시에 해결할 수 있다. 이는 단순한 경제정책이 아니라, 고령사회를 새로운 생산적 복지 체제로 전환하는 전략이다.

5절
종합 평가: 한국형 6차 산업의 잠재력

1) 서론: 위기와 기회의 교차점

한국 농업과 농촌은 지금 거대한 기로에 서 있다. 농업 인구는 줄고 고령화는 심화되었으며, 농업의 GDP 기여도는 미미하다. 그러나 동시에 ICT 기술, 물류 혁신, 관광 수요, 치유 산업의 성장 같은 새로운 기회 요인들이 부상하고 있다. 한국 사회의 구조적 위기—수도권 과밀, 지방 공동화, 베이비부머 세대의 자산 가난—는 농업을 단순한 산업이 아니라, 사회 문제 해결의 플랫폼으로 재정의할 것을 요구한다. 바로 이 지점에서 6차 산업은 한국 사회 전체의 미래 전략으로서 의미를 갖는다.

2) 다층적 위기 해법으로서의 잠재력

한국형 6차 산업은 단순히 농업의 소득 다변화를 넘어, 다음과 같은 다층적 위기를 동시에 완화할 수 있다.

- 농촌 소멸 대응: 생산·가공·관광을 결합해 지역 내 자립 경제를 구축.
- 고령사회 대응: 경량 노동과 서비스형 노동을 통해 고령자에게 소득과 사회적 역할을 부여.
- 국토 불균형 해소: 지방을 단순 배후지가 아니라, 생활·생산 자립형 거점으로 전환.
- 사회안전망 보완: 연금의 부족분을 지역 단위 소득 구조로 보충.
- 문화·관광 자원 개발: 농업과 문화 콘텐츠를 결합해 외부 수요를 흡수.

즉, 한국형 6차 산업은 농업정책이자 동시에 복지정책, 국토정책, 산업정책의 성격을 가진다.

3) 한국적 조건에서의 강점

한국에서 6차 산업은 몇 가지 독특한 강점을 가진다.

- ICT 인프라: 전국에 보급된 인터넷과 모바일 환경은 스마트팜·온라인 유통을

빠르게 확산시킬 수 있다.
- 교통망 발달: 고속도로·KTX망이 촘촘히 연결되어 있어, 수도권과 지방을 단일 생활권으로 묶을 수 있다.
- 문화·관광 수요: 짧은 휴가·주말 여행 문화가 발달해 농촌 관광의 잠재력이 크다.
- 고령자 인구: 단순한 부담이 아니라, 사회적 자본과 노동력으로 재구성할 수 있는 인적 자원이 풍부하다.

이 조건들은 한국형 6차 산업이 해외 사례를 단순 모방하는 수준을 넘어, 세계적 모델로 발전할 가능성을 보여준다.

4) 제도적·구조적 과제

그러나 잠재력이 현실화되기 위해서는 몇 가지 과제가 풀려야 한다.

- 법적 제도화: 6차 산업을 농업·복지·산업정책의 교차점에서 지원할 수 있는 법적 틀 마련.
- 재원 조달: 공공·민간 파트너십을 통해 초기 인프라 구축 비용을 확보.
- 교육과 인력 양성: 청년 귀농인, 고령자, 지역 주민이 함께 참여할 수 있는 교육 체계 구축.
- 지역 거버넌스: 지방정부와 주민 협동조합이 주도적으로 참여하는 구조 설계.

이 과제를 해결하지 못한다면, 6차 산업은 일회성 이벤트나 전시성 사업에 머물 위험이 있다.

5) 미래적 함의

6차 산업은 단순히 농촌 경제를 살리는 것이 아니다. 그것은 한국 사회의 미래 사회계약을 새롭게 쓰는 일이다. 일할 능력이 남은 고령자에게 기회를 제공하고, 청년에게는 귀농·창업의 가능성을 열어주며, 도시민에게는 새로운 소비·관광 경험을 제공한다. 이 순환 구조가 안정적으로 작동한다면, 한국은 고령화·저출산·국토 불균형이라는 삼중 위기를 완화하면서도 새로운 성장 동력을 확보할 수 있다.

6) 종합 평가

한국형 6차 산업의 잠재력은 세 가지로 요약할 수 있다.

- 경제적 잠재력: 농업을 생산 중심에서 종합 산업으로 확장해 부가가치를 높인다.
- 사회적 잠재력: 고령층의 사회 참여와 소득 창출을 통해 사회안전망을 보완한다.
- 국토적 잠재력: 지방을 자립적 생활·생산 거점으로 전환해 국토 불균형을 완화한다.

따라서 6차 산업은 농업정책의 틀을 넘어, 한국 사회 전체의 구조적 위기 해결 전략으로 자리 잡아야 한다.

제2장
콤팩트 시티의 철학과 설계 원리

1절
콤팩트 시티 개요

1) 서론: 왜 다시 도시를 설계해야 하는가

도시는 단순한 거주 공간이 아니라, 인간의 삶을 담는 그릇이다. 그러나 한국의 도시들은 지난 반세기 동안 급격한 성장 속에서 주택 공급과 토지 효율성에만 초점을 맞추어 왔다. 그 결과 도시의 외연은 무한히 팽창했고, 교통 혼잡·환경 파괴·사회적 단절이 심화되었다. 수도권 신도시는 잠을 자는 '침실도시'로 전락했고, 지방의 신도시는 활력을 갖지 못한 채 공동화의 길을 걸었다. 이제 우리는 단순히 '집을 많이 짓는 도시'가 아니라, 삶의 질을 설계하는 도시로 패러다임을 바꾸어야 한다. 바로 이 지점에서 제시되는 개념이 콤팩트 시티(Compact City)이다.

2) 콤팩트 시티의 개념과 역사적 기원

콤팩트 시티는 1970년대 유럽에서 처음 제기된 도시계획 개념이다. 자동차 의존적 저밀도 도시가 환경 문제와 사회적 비효율을 낳자, 도시학자들은 고밀·혼합·근접을 핵심 원리로 하는 새로운 도시 모델을 모색했다. 1990년대 이후 유럽연합(EU)은 지속가능한 도시 전략의 일환으로 콤팩트 시티를 강조했으며, 일본도 2000년대 들어 지방 중소도시의 공동화를 막기 위한 정책으로 채택했다.

즉, 콤팩트 시티는 단순한 공간 설계가 아니라, 환경·사회·경제의 지속가능성을 동시에 추구하는 도시 철학이다.

3) 콤팩트 시티의 세 가지 원리

콤팩트 시티의 핵심은 세 가지 원리로 요약된다.

- 고밀(High Density)
  도시 공간을 수평적으로 확산시키는 대신, 일정 구역 안에 인구와 기능을 집중시킨다.
  고밀화는 토지 이용을 효율화하고, 교통·에너지 인프라의 비용을 절감한다.
- 혼합(Mixed Use)
  주거, 상업, 업무, 문화, 복지를 분리하지 않고, 동일 공간 안에 배치한다.
  '집은 여기, 일터는 저기'라는 분절 구조 대신, 생활권 안에서 모든 기능이 연결된다.
- 근접(Proximity)
  일상생활에 필요한 대부분의 시설이 도보나 자전거로 15분 이내에 접근 가능해야 한다.

'15분 도시' 개념은 콤팩트 시티의 현대적 변주라 할 수 있다.

이 세 가지 원리가 결합될 때, 도시는 더 이상 단순한 주거 단지가 아니라, 삶의 질을 높이는 유기적 시스템이 된다.

4) 한국 도시계획과의 접점

한국은 급격한 산업화와 도시화 과정에서 대규모 택지 개발 → 아파트 단지 건설 → 교통망 확충이라는 획일적 도시계획 모델을 반복해왔다. 그러나 이 모델은 공급 효율성은 높였지만, 생활의 질과 공동체성은 약화시켰다. 수도권 신도시 주민들은 긴 출퇴근 시간과 지역 공동체의 부재에 시달리고, 지방 신도시는 인구 유입에 실패해 슬럼화되고 있다.

따라서 한국에서 콤팩트 시티는 기존 도시계획의 한계를 극복하는 대안적 설계 원리로 주목받는다. 특히 산지가 많은 국토 조건은 오히려 콤팩트 시티의 장점을 부각시킨다. 좁은 평지에 고밀·혼합·근접 구조를 도입하면, 산지를 활용한 경관·관광 자원과 상호 보완적 관계를 형성할 수 있다.

5) 삶의 질 중심의 도시 철학

콤팩트 시티는 단순히 건축·교통의 문제가 아니다. 그것은 삶의 철학이다. 집과 일터, 돌봄과 교육, 여가와 문화가 물리적으로 가까운 거리에 배치되면, 사람들의 관계망은 더욱 촘촘해지고, 돌봄과 공동체가 회복된다. 에너지 소비는 줄고, 걷고 자전거 타는 생활은 건강을 증진시킨다. 무엇보다도 "도시는 누구를 위해 존재하는가?"라는 질문에 대해, 콤팩트 시티는 분명히 대답한다. 도시는 집값을 올리기 위한 공간이 아니라, 인간의 삶을 풍요롭게 하기 위한 공간이라는 것이다.

6) 사례 박스 N | "15분 도시 파리의 실험"

　프랑스 파리 시는 '15분 도시' 구상을 통해 콤팩트 시티 철학을 현대적으로 구현하고 있다. 모든 주민이 도보 15분 이내에서 일, 교육, 의료, 문화, 여가를 누릴 수 있도록 도시를 재구성하는 것이다. 학교 건물을 저녁에는 주민 문화센터로 개방하고, 주차장을 공원으로 전환하며, 자전거 도로망을 확대했다. 이는 단순한 교통 정책이 아니라, 생활권을 중심으로 도시를 다시 짜는 실험이다. 한국의 콤팩트 시티 논의도 이러한 국제적 흐름과 맞닿아 있다.

7) 종합 평가

　콤팩트 시티는 한국 도시계획이 나아가야 할 방향이다. 고밀·혼합·근접이라는 원리는 국토의 제약을 기회로 전환할 수 있으며, 도시를 단순한 주거 단지에서 삶의 질을 설계하는 종합 시스템으로 바꾼다. 나아가 콤팩트 시티는 6차 산업과 결합할 때, 생산과 소비, 주거와 노동, 돌봄과 문화가 한 공간 안에서 순환하는 생활·생산 자립형 신도시 모델로 발전할 수 있다.

2절
콤팩트 시티 개념과 역사적 기원

　콤팩트 시티(Compact City)라는 용어는 단순히 도시의 밀도를 높인다는 의미를 넘어선다. 그것은 도시의 기능을 한정된 공간 안에 농축시켜 삶의 질과 지속 가능성을 함께 추구하는 도시 철학이다.
　1970년대 유럽에서 처음 제기된 이 개념은 당시 심각한 환경 오염과 교외 확산(urban sprawl)에 대한 반성에서 출발했다. 자동차 의존적 저밀도 도시 구조는 교통 혼잡과 에너지 낭비를 가져왔고, 지역 공동체의 해체와 사회적 단절을 초래했다. 이에 도시학자들은 "도시는 작을수록, 밀집될수록, 기능이 서로 가까울수록 지속 가능하다"는 결론에 도달했다.

1990년대 이후 유럽연합(EU)은 공식적으로 콤팩트 시티를 지속 가능한 도시 전략의 핵심으로 제시했으며, 일본 역시 2000년대 들어 지방 중소도시의 공동화를 막기 위한 방안으로 이를 수용했다. 따라서 콤팩트 시티는 단순한 설계 기술이 아니라, 도시가 인간의 삶을 어떻게 담아야 하는가라는 근본적 질문에서 출발한 개념이다.

3절
한국 도시계획과의 접점

한국의 도시계획은 산업화와 함께 급속히 성장한 택지 개발 모델에 뿌리를 두고 있다. 1970년대 이후 신도시는 주로 '대규모 주택 공급'에 맞춰 계획되었고, 주거·업무·상업·문화 기능은 철저히 분리되었다. 이 방식은 공급 효율성을 극대화했지만, 동시에 도시의 삶을 분절시켰다.

예컨대 수도권 1기 신도시들은 "침실도시"로 불렸다. 주민들은 서울 도심으로 출퇴근하며 장시간 이동에 시달렸고, 지역 내에는 일자리나 문화 시설이 부족했다. 지방의 신도시 역시 행정 기관 이전이나 공공기관 입주를 통해 초기 인구는 유입했지만, 자족 기능을 확보하지 못해 공동화 현상이 나타났다.

이러한 맥락에서 콤팩트 시티는 한국 도시계획의 구조적 한계를 극복할 수 있는 대안으로 떠오른다. 주거와 일터, 돌봄과 교육, 여가와 문화가 가까운 거리에서 연결된 도시는 한국 사회의 인구·노동·복지 위기에 대응할 수 있는 새로운 해법이 된다.

4절
산지형 국토와 콤팩트 시티의 가능성

　한국의 국토는 70% 이상이 산지다. 이는 오랫동안 도시개발의 제약 요인으로만 인식되었다. 그러나 시각을 바꾸면, 산지는 오히려 콤팩트 시티의 철학과 맞닿아 있다. 좁은 평지에 무한히 도시를 확장하는 대신, 특정 지점을 선택해 고밀·혼합·근접 구조를 구현하면 된다.
　산지는 경관과 기후, 관광 자원이라는 장점을 가진다. 콤팩트 시티가 산지와 결합할 경우, 도시와 농촌·관광지의 경계를 허물며 새로운 공간 모델을 만들 수 있다. 이는 단순한 주거지가 아니라, 생활·생산·관광이 결합된 복합적 거점이 된다. 한국의 산지는 바로 이런 새로운 도시 실험의 토대가 될 수 있다.

5절
종합 평가: 삶의 질을 설계하는 도시

　콤팩트 시티는 더 이상 선택이 아니라 필수다. 인구 감소와 고령화, 에너지 위기, 기후 위기에 직면한 한국 사회에서, 저밀도 확산형 도시 모델은 지속 가능하지 않다.

   콤팩트 시티는 주거와 일터, 교육과 돌봄, 문화와 여가를 근접하게 설계하여 삶의 질을 회복시킨다. 또한 지방 중소도시를 재생하고, 수도권 과밀을 완화하는 해법이 될 수 있다. 무엇보다 중요한 것은, 콤팩트 시티가 단순히 "도시 디자인"의 문제가 아니라, 삶을 어떻게 살 것인가에 대한 사회적 합의라는 점이다.

제3장
6차 산업 × 콤팩트 시티 결합 모델

1절
생활·생산 자립형 신도시의 구조

6차 산업과 콤팩트 시티가 결합할 때, 신도시는 단순한 주거지가 아니라 주거·노동·소득·관계가 동시에 설계된 자립형 공동체가 된다.

전통적 신도시는 '잠만 자는 침실도시'였다. 주민은 아침에 서울로 출근하고 밤에 돌아왔으며, 도시는 낮 동안 비어 있었다. 반면 6차 산업 × 콤팩트 시티 모델은 도시 안에서 일자리와 소득, 교육과 돌봄, 문화와 여가가 동시에 제공된다. 스마트팜과 스마트팩토리에서 소득이 발생하고, 농촌 관광과 콘텐츠 산업이 외부 수요를 흡수하며, 주민 협동조합이 돌봄과 공동 급식을 담당한다.

즉, 도시가 단순히 인구를 수용하는 공간이 아니라, 삶의 전 과정을 지원하는 생활·생산 시스템으로 바뀌는 것이다.

2절
주거·노동·소득·관계의 통합 설계

이 모델의 가장 큰 특징은 주거·노동·소득·관계를 분리하지 않고 하나의 공간 구조 안에서 통합한다는 점이다.

- 주거: 500~2000세대 규모의 콤팩트 단지 안에서 생활.
- 노동: 고령층은 스마트팜·가공·관광에 참여, 청년은 기술·마케팅·콘텐츠 산업에 참여.
- 소득: 내부 생산물(농산물·가공품·서비스)을 통한 자급, 외부 관광·체험을 통한 매출.
- 관계: 공동 취사·공동 돌봄·공동 여가를 통해 사회적 관계망 회복.

이 통합 설계는 단순한 경제 모델을 넘어, 고립된 개인을 공동체 속에서 다시 연결하는 구조다. 이는 한국 사회가 직면한 고령화·저출산·노후 빈곤 문제를 동시에 완화하는 효과를 가진다.

3절
500~2000세대 규모 콤팩트 단위 실험

콤팩트 시티는 거대 도시가 아니라, 소규모 단위 실험에서 출발해야 한다. 이상적인 규모는 500~2000세대다. 이 정도 규모라면 인프라를 효율적으로 공급하면서도, 공동체성을 유지할 수 있다.

- 500세대 단위: 농촌형 소규모 마을. 생활공동체와 생산공동체가 긴밀하게 결합.
- 2000세대 단위: 중소도시형 거점. 교육·의료·문화 시설까지 자립 가능.

이러한 단위 실험을 통해, 각 지역의 조건(산지·평지·관광 자원·산업 기반)에 맞는 맞춤형 모델을 축적할 수 있다. 이후 성공 사례가 전국적으로 확산되면, 기존 신도시 모델을 대체하는 새로운 패러다임으로 발전할 수 있다.

4절
관광·학습·콘텐츠 산업과 외부 연계

6차 산업 × 콤팩트 시티 모델은 내부 자립에 머무르지 않는다. 외부 세계와의 교류와 매출이 반드시 필요하다.

- 관광: 도시는 스마트팜과 팩토리를 체험 관광지로 개방.
- 학습: 학교·대학·연구소와 연계하여 도시 자체가 '학습장'으로 기능.
- 콘텐츠 산업: 도시의 생활 자체를 콘텐츠화. 다큐멘터리, 온라인 클래스, 로컬 브랜드 개발.

이 외부 연계는 단순한 경제 활동을 넘어, 도시에 활력을 불어넣고 청년층의 참여를 확대한다. 내부 자급과 외부 매출이 결합할 때, 도시의 경제는 이중 엔진 구조로 안정성을 확보한다.

5절
종합 평가: 신도시 패러다임의 전환

　기존 신도시는 집값 안정과 인구 수용을 목적으로 했다. 그러나 그것은 공급이 수요를 더 자극하는 악순환을 만들었고, 결국 수도권 과밀과 지방 공동화라는 문제를 낳았다.
　이에 비해 6차 산업 × 콤팩트 시티 결합 모델은 삶의 질을 설계하는 신도시다.

- 주거와 노동이 결합된 도시,
- 노후와 청년이 함께 살아가는 도시,
- 내부 자립과 외부 연계가 동시에 작동하는 도시,
- 소비가 아니라 생산과 관계를 중심에 둔 도시.

　이것은 단순한 도시계획이 아니라, 한국 사회의 새로운 사회계약이라 할 수 있다. 이제 신도시는 더 이상 아파트 단지가 아니라, 삶·노동·공동체를 담는 실험 공간이어야 한다.

제4장
실행 전략과 정책적 과제

1절
제도적 기반: 토지·재원·법제 설계

6차 산업과 콤팩트 시티 결합 모델을 실제로 구현하기 위해서는 가장 먼저 제도적 기반이 마련되어야 한다. 지금까지 한국의 도시계획은 택지 개발, 주택 공급, 인프라 확충에 치중해 왔으며, 농업과 제조, 서비스, 복지를 통합하는 법적 틀은 사실상 존재하지 않았다. 따라서 토지·재원·법제의 삼각 구조를 재편해야 한다.

- 토지: 국·공유지와 산지를 활용해 개발 부담을 줄이고, 사적 투기를 차단할 제도 설계가 필요하다. 토지는 단순한 부동산이 아니라, 공동체 자원의 관점에서 관리되어야 한다.
- 재원: 초기 인프라 조성은 국가와 지방정부가 담당하되, 운영 단계는 주민 협동조합과 민간 파트너십이 병행해야 한다.

- 법제: 「국토계획법」, 「농어업·농촌기본법」, 「사회적경제기본법」 등 흩어진 법률을 아우르는 새로운 "생활·생산 자립형 신도시 특별법" 제정이 요구된다.

2절
재원 조달 모델: 공공·민간 파트너십

아무리 좋은 계획도 재원이 없으면 실행되지 않는다. 따라서 신도시 모델을 뒷받침할 재원 조달 구조가 핵심 과제가 된다.

- 공공 재원: 중앙정부의 균형발전 특별회계, 지방정부의 재정 지원.
- 민간 투자: 사회적 투자펀드, ESG 금융, 임팩트 투자.
- 주민 참여: 협동조합 지분 참여, 로컬 펀드.
- 해외 자본: 한국형 6차 산업 모델이 성공한다면, 해외 연기금이나 국제기구 자금도 유치 가능하다.

특히 중요한 것은 재원 구조가 단순히 일회성 보조금이 아니라, 순환적·자립적이어야 한다는 점이다. 투자와 수익이 지역 안에서 선순환되는 구조를 만들 때 지속성이 확보된다.

3절
사회적 합의 형성: 지역 주민·청년·고령층 참여

신도시는 단순한 건축물이 아니라, 사회적 실험의 장이다. 따라서 제도적·재정적 기반 못지않게 중요한 것은 사회적 합의다.

지역 주민 참여: 기존 주민이 소외되지 않고, 새로운 신도시의 주체가 될 수 있도록 보장해야 한다.

- 청년 참여: 귀농·귀촌 청년, 스타트업, 콘텐츠 창업가 등이 유입될 수 있는 제도적 인센티브 필요.
- 고령층 참여: 단순한 수혜자가 아니라, 노동·서비스·문화 전승의 주체로 인정받아야 한다.

이 합의는 위로부터의 행정 주도 방식으로는 불가능하다. 주민 협동조합과 지역 거버넌스가 중심이 되고, 국가와 지방정부는 이를 지원하는 조력자 역할을 해야 한다.

4절
지방과 수도권의 상호 보완 구조

새로운 신도시는 단순히 "지방을 살리기 위한 정책"에 머물러서는 안 된다. 수도권과 지방이 상호 보완적 관계를 형성해야 한다.

- 수도권은 여전히 금융·교육·문화의 중심지로서 기능하되, 과밀 인구와 산업 일부를 지방 신도시로 분산.
- 지방 신도시는 수도권과 연결된 생활·생산 파트너로 자리매김.

- 고속철·디지털 인프라를 통해 양자의 연계성을 강화하여, 국토 전체가 하나의 다핵형 네트워크 도시권을 이루도록 설계.

이 구조가 정착되면, 수도권 과밀과 지방 공동화라는 이중 위기는 동시에 완화될 수 있다.

5절
종합 평가: 지속 가능한 신도시 정책

6차 산업 × 콤팩트 시티 결합 모델을 실행에 옮기려면, 제도·재원·합의·연계라는 네 가지 과제가 함께 풀려야 한다. 어느 하나라도 소홀히 하면, 정책은 전시성 시범 사업에 그치고 만다.

종합적으로 볼 때, 이 신도시 패러다임은 한국 사회가 직면한 주거·노동·복지·국토 불균형 문제를 동시에 해결할 수 있는 종합 전략이다. 그러나 이것은 단순히 도시계획이 아니라, 새로운 사회계약을 쓰는 일이다. 국민과 국가가 서로에게 무엇을 보장하고, 어떤 공동체를 만들어갈 것인가에 대한 합의가 필요하다.

따라서 제9장은 단순히 정책 제안에 그치지 않고, 한국 사회 전체에 던지는 질문이 된다. "우리는 어떤 도시에서, 어떤 삶을 살 것인가?"라는 질문에 답할 때, 6차 산업 × 콤팩트 시티 모델은 하나의 강력한 대안으로 자리매김할 수 있을 것이다.

제5장
스마트팜과 고령층 일자리

1절
수경재배·스마트팜의 장점

1) 서론: 농업의 새로운 도약점

한국 농업은 지난 수십 년 동안 구조적 한계에 직면해 왔다. 고령화, 청년 이탈, 농가 소득 불안정이라는 삼중고는 전통 농업만으로는 풀 수 없는 문제였다. 그러나 디지털 기술과 자동화 기술이 결합하면서, 농업은 다시금 새로운 도약의 기회를 맞이하고 있다. 그 대표적 사례가 바로 수경재배(hydroponics)와 스마트팜(smart farm)이다. 이 두 가지는 단순히 농작물 재배 방식의 혁신을 넘어, 농촌 사회 전체를 다시 설계할 수 있는 전략적 수단으로 부상하고 있다.

2) 수경재배의 장점: 흙에서 물로, 노동에서 기술로

수경재배는 흙 대신 영양분이 녹아 있는 용액을 활용하여 작물을 재배하는 방식이다.

> 첫째, 노동 강도의 경감: 잡초 제거, 토양 관리, 무거운 노동이 줄어들어, 고령자도 손쉽게 참여할 수 있다.
> 둘째, 생산성의 안정성: 기후와 토양의 영향을 크게 받지 않아 연중 일정한 생산이 가능하다. 이는 농민 소득의 안정성을 높이는 핵심 요인이다.
> 셋째, 공간 활용의 효율성: 수직 재배나 온실 내 설치가 가능해, 협소한 토지에서도 높은 생산량을 확보할 수 있다.

예를 들어, 전남 지역의 한 수경재배 딸기 농장은 70대 농민 부부가 운영하지만, 자동 양액 공급 시스템 덕분에 하루 3~4시간만 관리해도 수확이 가능하다. 예전에는 체력적 부담 때문에 농업을 포기하려 했던 농민이, 이제는 노동 강도를 낮추면서도 소득을 안정적으로 유지할 수 있게 된 것이다.

3) 스마트팜의 장점: 농업의 데이터화·자동화

스마트팜은 센서·IoT·AI·빅데이터를 활용하여 작물의 생육 환경을 실시간으로 관리한다.

온도·습도·조도·양분·수분은 자동으로 제어되며, 농민은 스마트폰이나 태블릿을 통해 원격으로 상황을 확인하고 조정할 수 있다.

이는 단순히 편의성을 넘어, 기후 위기 시대의 식량 안전망 역할을 한다. 폭우·가뭄·한파 같은 극단적 기후 속에서도 일정한 품질과 수확량을 유지할 수 있기 때문이다.

또한 스마트팜은 청년층에게 데이터 기반의 신농업을 제공한다. 기계

제어·데이터 분석·유통 마케팅이 결합된 직종은 단순 농부가 아니라, "농업 경영자"라는 새로운 정체성을 부여한다.

스마트팜이 보급된 농가의 경우, 토마토·파프리카·상추 같은 작물은 기존 대비 30~50%의 수익 증대를 경험했다는 통계도 보고되고 있다. 이는 단순 기술이 아니라, 농촌 전체의 경제 기반을 바꾸는 혁신임을 보여준다.

4) 고령사회와의 접점

수경재배와 스마트팜은 단순한 농업 기술의 혁신을 넘어, 고령사회에 새로운 길을 열어준다.

- 신체 부담 완화: 전통 농업이 요구하는 쪼그려 앉기, 장시간 노동, 무거운 짐 운반 등은 고령층에게 불가능에 가깝다. 그러나 스마트팜의 관리형 노동은 고령자도 무리 없이 참여할 수 있다.
- 사회적 고립 완화: 고령자가 스마트팜 운영과 체험 농장 프로그램에 참여하면서, 외부인과 교류하고, 공동체 일원으로서 역할을 이어갈 수 있다.
- 노후 소득 보완: 연금만으로 부족한 생활비를 일정 부분 보충할 수 있어, "자산 가난" 문제를 완화한다.

5) 사례 박스 N | "스마트팜으로 제2의 삶을 시작하다"

충북의 한 은퇴 교사는 정년 후 귀촌해 스마트팜을 운영하고 있다. 그는 "농업을 전혀 모르는 상태에서 시작했지만, 자동화 설비 덕분에 관리가 어렵지 않았다. 하루 4~5시간 투자로 한 달에 200만 원 이상의 수익을 올린다. 무엇보다 농촌 마을 아이들과 도시에서 오는 체험객들에게 설명할 때 큰 보람을 느낀다"고 말했다. 이 사례는 스마트팜이 단순히 기술적 도구가 아니라, 은퇴 세대의 새로운 일터이자 사회적 무대가 될 수 있음을 보여준다.

6) 종합 평가

수경재배와 스마트팜은 농업 생산성을 높이는 기술을 넘어, 고령사회와 농촌 위기를 동시에 해결할 수 있는 이중 해법이다. 노동 강도를 낮추고, 소득을 안정화하며, 사회적 교류의 장을 만들어내는 효과는 단순한 농업 정책을 넘어 사회적 복지와 국토 균형 발전의 전략으로 기능한다. 나아가 이는 6차 산업의 첫 번째 축으로서, 스마트팩토리와 농촌 관광으로 이어지는 융합 모델의 기반을 제공한다.

2절
농업의 교육·관광 자원화

1) 서론: 농업을 배우고, 경험하는 산업으로

농업은 오랫동안 '생산의 영역'에 국한되어 왔다. 쌀과 채소를 재배하고, 그것을 시장에 내다 파는 과정에서 농민은 소비자와 거리가 멀었다. 그러나 21세기 들어 농업은 단순 생산을 넘어 교육과 관광의 장으로 변모하고 있다. 농업 자체가 하나의 학습 주제이자 체험 콘텐츠가 된 것이다. 특히 도시와 농촌의 단절이 심화된 한국 사회에서는, 농업을 교육·관광 자원으로 재구성하는 것이 농촌 재생의 핵심 전략으로 부상한다.

2) 농업 교육의 가치

농업 교육은 단순히 농사 기술을 전수하는 차원을 넘어, 자연·환경·생명에 대한 총체적 학습의 장을 제공한다.

- 아동·청소년 교육: 도시의 아이들은 흙과 씨앗, 작물의 성장 과정을 직접 경험할 기회가 거의 없다. 스마트팜이나 체험 농장은 이들에게 자연과 생태, 식량의 소중함을 가르치는 살아 있는 교실이 된다.
- 청년·성인 교육: 귀농·귀촌을 고민하는 세대에게 농업 교육은 단순한 기술 훈련이 아니라, 새로운 삶의 방식을 학습하는 기회다.
- 노인 교육: 은퇴자에게 농업 교육은 여가와 치유, 그리고 사회적 참여의 통로가 될 수 있다.

농업 교육은 이렇게 세대별로 다양한 의미를 가지며, 농촌과 도시를 연결하는 다리 역할을 한다.

3) 농촌 관광의 부상

농촌은 더 이상 단순히 곡식을 재배하는 공간이 아니다. 관광 자원으로서 농촌의 가치는 빠르게 상승하고 있다.

- 체험형 관광: 도시민 가족이 농촌을 방문해 모종을 심고, 수확을 경험하며, 직접 가공품을 만들어 보는 과정은 단순한 여가를 넘어 학습과 체험을 결합한 관광이 된다.
- 치유형 관광: 자연 속에서 보내는 시간, 농작물과 교감하는 경험은 현대인의 스트레스와 심리적 불안을 완화하는 효과가 있다. 농촌은 치유와 웰빙의 공간

으로 재탄생할 수 있다.
- **문화형 관광**: 전통 음식, 마을 축제, 민속 체험은 농촌만이 가진 독특한 문화 콘텐츠다. 이는 지역 브랜드 형성과 직결되며, 도시민에게는 새로운 경험을 제공한다.

4) 농업·관광 융합의 효과

교육과 관광이 농업과 융합할 때, 농촌은 단순 생산지가 아니라 복합적 가치 창출의 거점으로 변모한다.

- **경제적 효과**: 체험 관광객이 지불하는 비용은 농가의 새로운 소득원이 된다.
- **사회적 효과**: 도시민과 농촌 주민이 직접 만나 교류하며, 사회적 연대가 회복된다.
- **문화적 효과**: 지역 전통과 문화가 재해석되고, 콘텐츠 산업으로 발전한다.

예컨대, 한 농촌 마을이 사과를 재배하면서 사과 수확 체험 프로그램, 사과 잼 만들기 클래스, 사과 축제를 운영한다고 하자. 이때 농촌은 단순히 사과를 파는 공간이 아니라, 사과를 매개로 한 학습·체험·문화의 종합 플랫폼이 된다.

5) 사례 박스 01 "학교 밖의 교실, 농촌 체험 학습"

경기도의 한 초등학교는 매년 봄 학생들을 인근 농촌 체험 마을로 보낸다. 학생들은 모를 심고, 벼의 성장 과정을 배우며, 가을에는 추수 체험에 참여한다. 학부모들은 "아이들이 식탁의 밥 한 공기의 의미를 새삼 깨닫는다"고 말한다. 마을 농민들은 체험비와 농산물 판매를 통해 안정적인 부수

소득을 얻는다. 이 사례는 농업이 단순한 산업을 넘어, 교육과 생활 문화의 자원이 될 수 있음을 보여준다.

6) 종합 평가

　농업을 교육·관광 자원으로 전환하는 것은 단순한 부가 사업이 아니다. 그것은 농업의 사회적 위상을 근본적으로 바꾸는 혁신이다. 농업은 생산에만 머무르지 않고, 학습과 체험, 문화와 치유를 제공하는 산업으로 확장된다. 이러한 변화는 농촌의 경제를 다변화시키고, 도시와 농촌의 간극을 좁히며, 고령자와 청년 모두에게 새로운 역할과 기회를 제공한다. 6차 산업의 완결성은 바로 이 교육·관광 융합에서 나온다.

3절
은퇴 세대를 위한 노동 설계

1) 서론: 은퇴 이후 20년의 과제

　한국 사회에서 은퇴는 더 이상 '노년의 휴식'만을 의미하지 않는다. 평균 수명이 83세에 달하는 현실에서, 60세 전후의 은퇴는 20년 이상 남은 생애를 어떻게 보낼 것인가라는 새로운 과제를 던진다. 그러나 기존의 노동 시장은 은퇴자를 배제하고, 연금은 생활비를 충족하기에 부족하다. 이 공백은 결국 노후 빈곤과 사회적 고립으로 이어진다. 따라서 은퇴 세대를 위한 노동 설계는 단순한 경제 대책이 아니라, 사회 구조 전체의 지속 가능성을 좌우하는 핵심 과제가 된다.

2) 기존 노동 구조의 한계

은퇴 이후 제공되는 일자리 대부분은 단순노무직, 단시간 비정규직, 공공근로 성격의 임시 일자리에 머무른다.

- 경제적 한계: 월 50만 원 안팎의 보수는 생계 보충 효과가 미미하다.
- 심리적 한계: '하향 이동' 경험은 자존감의 상실을 낳는다.
- 사회적 한계: 고립된 노동 형태는 공동체적 관계를 회복시키지 못한다.

이처럼 기존 구조는 생계 보조 이상으로 확장되지 못하는 빈곤 대책에 머무르고 있다.

3) 6차 산업과 은퇴 세대 노동의 접점

6차 산업은 은퇴 세대에게 전혀 다른 노동 기회를 제공한다.

- 스마트팜: 모종 심기, 온습도 점검, 수확물 포장 등은 경량 노동이면서도 사회적 기여를 동반한다.
- 스마트팩토리: 식품 가공, 품질 관리, 간단한 기계 조작 등은 은퇴 세대가 쉽게 적응할 수 있는 영역이다.
- 농촌 관광: 체험 안내, 전통 기술 시연, 지역 음식 조리 등은 경험을 사회적 자산으로 환원하는 노동이다.

즉, 6차 산업은 "능력이 있지만 기회가 없는 은퇴 세대"에게 새로운 장을 열어준다.

4) 노동 설계의 원칙

은퇴 세대의 노동은 단순히 일자리를 늘리는 차원이 아니라, 삶의 질을 보장하는 노동 설계여야 한다. 이를 위해서는 다음 원칙이 필요하다.

- 경량화: 신체적 부담을 최소화한 업무 설계.
- 유연성: 시간제·계절제·프로젝트형 등 개인 상황에 맞는 선택 가능성.
- 사회성: 동료와 함께 일하거나 방문객과 교류할 수 있는 구조.
- 보람성: 단순 노동이 아니라, 경험과 기술이 존중받는 노동.
- 소득성: 최소한 생활비 보충이 가능한 안정적 보수 체계.

5) 구체적 노동 유형

은퇴 세대를 위한 노동은 다음과 같이 설계될 수 있다.

- 관리형 노동: 자동화 농장 모니터링, 재배일지 기록, 장비 점검.
- 보조형 노동: 포장, 단순 조립, 재고 관리, 환경 청결 유지.
- 서비스형 노동: 체험 관광 해설, 지역 전통 전수, 손님 맞이.
- 공동체형 노동: 공동 취사, 돌봄 활동, 생활 협동조합 운영.

이러한 노동은 신체적 무리를 피하면서도, 경제적 보조 + 사회적 관계 회복 + 자존감 강화라는 삼중 효과를 발휘한다.

6) 사례 박스 P | "퇴직 후, 다시 교사로"

충남의 한 은퇴 교사 김모 씨(68세)는 귀촌 후 농촌 체험 마을에서 해설사로 활동하고 있다. 그는 도시에서 오는 학생들에게 벼농사의 전 과정을 설명하고, 직접 모내기와 추수 체험을 지도한다. 한 달 평균 70만 원의 소득을 얻지만, 그는 "경제적 보상보다도 아이들을 가르치는 보람이 가장 크다"고 말한다. 이 사례는 은퇴 세대의 경험이 농촌에서 새로운 노동 자원으로 전환될 수 있음을 보여준다.

7) 종합 평가

은퇴 세대를 위한 노동 설계는 경제·사회·문화적 복합 효과를 가져온다. 경제적으로는 연금 부족을 보완하고, 사회적으로는 고립을 해소하며, 문화적으로는 경험과 지혜를 전승한다. 무엇보다 중요한 것은, 은퇴 세대가 더 이상 부양의 대상이 아니라 생산적 복지의 주체로 자리매김한다는 점이다.

따라서 은퇴 세대를 위한 노동 설계는 단순한 일자리 정책이 아니라, 한국형 고령사회 모델의 핵심 축이다. 스마트팜·스마트팩토리·농촌 관광이 결합한 6차 산업단지는 은퇴 세대가 존중받으며 일하고, 공동체 속에서 삶의 의미를 회복하는 새로운 무대가 될 것이다.

제6장
스마트팩토리와 제조 혁신

1절
소규모 자동화 공장의 가능성

1) 서론: 농촌 제조업의 재발견

농업이 단순 생산으로만 유지될 때, 농민의 소득은 시장 가격에 따라 크게 흔들렸다. 그러나 생산물을 가공하여 새로운 부가가치를 만들어내면, 농업은 곧 제조업의 기반으로 확장된다. 오늘날 농촌 경제가 직면한 과제는 바로 이 지점에서 풀린다. 대규모 산업단지 중심의 제조업이 아니라, 소규모 자동화 공장을 기반으로 한 농촌형 제조 혁신이 가능하다는 점이다. 이는 농촌을 더 이상 '농산물 공급지'로 머무르게 하지 않고, 완결된 산업 주체로 탈바꿈시킨다.

2) 소규모 자동화의 특징

소규모 자동화 공장은 대규모 자본과 고강도 노동을 요구하는 전통 공장과 달리, 소규모 인력·저비용 설비·자동화 기술로 운영된다.

- 투자 효율성: 초기 투자비가 수십억 원 단위에 달하는 대형 공장과 달리, 수억 원 규모의 설비로도 시작할 수 있다.
- 인력 효율성: 고령층·청년이 협력하여 기계를 관리하면, 소수의 인원으로도 안정적인 운영이 가능하다.
- 제품 다양성: 소규모 공장은 시장 변화에 민첩하게 대응할 수 있다. 계절별 농산물 가공품, 지역 특산물 상품화 등이 가능하다.

예를 들어, 건조기·포장기·소형 가공 설비를 갖춘 마을 단위 공장은 단순히 농산물의 저장 수명을 연장하는 데 그치지 않고, 부가가치가 높은 가공품을 만들어내는 중심지가 된다.

3) 농촌 경제와의 연계

소규모 자동화 공장은 농촌 경제의 구조를 근본적으로 바꾼다.

- 농민 소득 안정화: 생산물 가격이 폭락해도, 가공품은 상대적으로 가격 변동성이 낮다.
- 지역 고용 창출: 단순 생산에 머무르던 농촌에서 새로운 일자리가 만들어진다.
- 브랜드 형성: 가공품에 지역 이름을 붙이면, 그것이 곧 지역 브랜드로 자리 잡는다.

예컨대, 강원도의 감자 농촌이 단순 생감자 출하에 그치지 않고, 감자칩·감자빵·감자 소주 같은 제품을 개발한다면, 지역 농산물은 단순 원재료가 아니라 지역의 상징적 브랜드로 부상할 수 있다.

4) 고령자와 청년의 협업

　소규모 자동화 공장은 고령층과 청년층이 함께 참여할 수 있는 이상적 무대다.

- 고령층: 품질 관리, 손작업 보조, 전통적 가공 경험 전수.
- 청년층: 기계 운영, 온라인 판매, 디자인·마케팅.

이 협업 구조는 세대 간 갈등이 아니라, 세대 간 상호 보완을 가능하게 한다. 은퇴 세대는 여전히 경제 활동에 참여하며 자존감을 유지하고, 청년은 농촌에서 안정적 직업 기회를 얻는다.

5) 사례 박스 Q | "딸기, 잼으로 두 배의 가치"

　경북의 한 마을 협동조합은 스마트팜에서 딸기를 재배하고, 소규모 자동화 설비를 갖춘 가공 공장에서 잼과 음료를 생산한다. 잼은 대형 마트와 온라인을 통해 판매되며, 체험 관광객은 직접 가공 과정을 보고 참여할 수 있다. 이 모델은 생딸기 출하보다 두 배 이상의 부가가치를 창출했고, 마을 청년에게는 안정적 일자리를, 고령 농민에게는 보조 소득을 제공했다.

6) 종합 평가

　소규모 자동화 공장은 농업과 제조업의 경계를 허물며, 농촌을 단순한 1차 산업 지역에서 종합 산업 단지로 전환시킨다. 노동 강도는 낮고, 부가가치는 높으며, 지역 경제와 공동체를 동시에 살리는 이 구조는 한국형 6

차 산업의 핵심 축이 된다. 무엇보다 이 모델은 농촌을 쇠퇴의 공간에서 혁신과 재생의 공간으로 바꾸는 전환점이 될 수 있다.

2절
농산물 가공과 지역 특산품 산업화

1) 서론: 원물에서 상품으로

농촌 경제의 가장 큰 약점 중 하나는 원물(原物) 중심 구조다. 농민은 수확한 농산물을 도매시장에 내다 팔고, 가격은 계절·수급·기후에 따라 크게 출렁인다. 이는 소득 불안정의 근본 원인이다. 그러나 원물을 가공해 상품으로 전환하면, 가격 변동성을 완화하면서도 부가가치를 획기적으로 높일 수 있다. 바로 여기에서 농산물 가공과 지역 특산품 산업화가 중요해진다.

2) 농산물 가공의 가치 사슬

농산물 가공은 단순히 먹거리를 만드는 것이 아니라, 농촌의 가치 사슬을 확장하는 과정이다.

- 저장성 확대: 배추는 김치로, 사과는 잼으로, 감자는 분말이나 칩으로 가공하면 저장·유통 기간이 크게 늘어난다.
- 부가가치 상승: 쌀 1kg을 그대로 팔면 3천 원이지만, 이를 떡·빵·과자로 만들면 2~3배 이상의 가격을 받을 수 있다.
- 시장 다변화: 가공품은 온라인·대형 마트·수출 등 다양한 유통 채널을 활용할 수 있다.

즉, 가공은 단순히 농산물을 '살리는' 과정이 아니라, 농업의 경제 지평을 확장하는 전략이다.

3) 지역 특산품 산업화

가공은 나아가 지역의 특산품을 산업화하는 기반이 된다.

브랜드화: 농산물에 지역 이름이 붙을 때, 그것은 곧 정체성과 신뢰가 된다. "보성 녹차", "횡성 한우", "제주 감귤"처럼, 지역 특산품은 이미 국내외 시장에서 강력한 브랜드 효과를 입증했다.

- 산업화: 특산품이 단순 생산에 그치지 않고, 가공·포장·관광·체험으로 이어질 때, 하나의 지역 산업 클러스터가 된다.
- 관광 연계: 특산품은 농촌 관광의 핵심 콘텐츠가 된다. '맛보고, 배우고, 사가는' 삼중 구조는 관광객에게 강한 매력을 제공한다.

예를 들어, 전북 고창의 수박은 단순히 신선 과일이 아니라, 수박 아이스크림, 수박 주스, 수박 빵 같은 파생 상품으로 확장되며, 여름철 축제와 결합해 지역의 대표 산업이 되었다.

4) 고령층과 청년의 역할

농산물 가공과 특산품 산업화는 세대별 역할이 뚜렷하다.

- 고령층: 전통 조리법, 발효 기술, 저장 기술 등 오랜 경험과 노하우 제공.
- 청년층: 자동화 설비 운영, 제품 디자인, 마케팅, 유통 플랫폼 구축.

세대가 서로 다른 영역을 맡을 때, 단순한 세대 갈등이 아니라 세대 협력의 구조가 형성된다.

5) 사례 박스 R | "감귤, 수출 효자 상품이 되다"

제주의 한 협동조합은 남는 감귤을 활용해 감귤 잼, 감귤 초콜릿, 감귤 와인 등을 생산한다. 이 가공품은 중국·동남아시아에 수출되면서, 조합원 농가의 연간 소득을 평균 30% 이상 끌어올렸다. 특히 포장 디자인과 온라인 판매는 청년 조합원이 주도했으며, 고령 농민은 생산과 품질 관리에 집중했다. 이 사례는 농산물 가공 → 특산품 산업화 → 수출로 이어지는 가치 사슬이 가능함을 보여준다.

6) 종합 평가

농산물 가공과 지역 특산품 산업화는 농촌을 단순한 생산지에서 브랜드와 산업의 거점으로 전환시킨다. 이는 소득 안정, 지역 정체성 강화, 관광 연계라는 삼중 효과를 가져온다. 또한 고령층과 청년이 협력하는 구조를 통해, 농촌 공동체의 재생에도 기여한다.

궁극적으로 농산물 가공과 특산품 산업화는 스마트팩토리의 실질적 토대다. 단순히 기계화된 공장을 운영하는 것이 아니라, 지역의 역사·문화·환경을 담아낸 상품을 만들어내는 과정이 곧 지역 산업의 지속 가능성을 결정한다.

3절
기술 기반의 2차 산업 활성화

1) 서론: 농촌 제조업의 새로운 정의

전통적으로 한국의 2차 산업은 대규모 산업단지, 수출 지향형 제조업으로 이해되어 왔다. 반도체, 자동차, 조선업이 그 대표적 사례다. 그러나 농촌의 맥락에서 2차 산업은 전혀 다른 의미를 가진다. 그것은 거대한 자본과 공장이 아니라, 지역 자원을 활용하고 기술로 무장한 소규모 제조업을 뜻한다. 다시 말해, 농업 생산물을 기반으로 가공·제조·브랜드화까지 연결하는 기술 기반의 2차 산업이야말로 농촌이 자립할 수 있는 핵심 동력이다.

2) 자동화·디지털화의 진전

기술 기반 제조업의 활성화는 무엇보다 자동화와 디지털화에 달려 있다.

- 자동화: 포장, 선별, 가공, 품질 검수 같은 과정이 자동화 설비로 대체되면서 노동 강도는 줄고, 생산성은 올라간다.
- 디지털화: 온라인 유통 플랫폼, 빅데이터 기반 수요 예측, 인공지능을 통한 생산 계획 최적화는 농촌 제조업을 단순한 '하청'이 아니라, 자체 경영 주체로 끌어올린다.
- 클라우드 기반 협업: 여러 마을 단위 공장이 네트워크로 연결되면, 규모의 경제를 확보하지 못한 한계를 디지털 협력으로 보완할 수 있다.

즉, 기술은 농촌 제조업의 규모의 제약을 뛰어넘는 레버리지 역할을 한다.

3) 특산품과 기술의 결합

기술 기반 제조업은 지역 특산품과 결합할 때 가장 큰 효과를 낸다.

- 강원도의 감자는 감자칩·감자빵으로,
- 전남의 매실은 매실 음료·발효액으로,
- 경북의 사과는 사과 와인·사과 식초로,

지역별 특산품은 ICT 기반 스마트팩토리에서 상품으로 재탄생한다.

여기에 온라인 판매, 구독형 서비스, 농촌 관광 체험을 접목하면, 농촌은 단순 생산지를 넘어 종합 콘텐츠 산업지로 도약할 수 있다.

4) 고령층과 청년의 협업 모델

기술 기반 제조업은 세대 간 협업이 필수적이다.

- 고령층: 전통적 제조 경험, 품질 관리, 손작업 보조.
- 청년층: 자동화 설비 운영, e-커머스, SNS 마케팅, 브랜드 디자인.

이 협업은 단순히 세대가 '공존'하는 차원을 넘어, 세대가 서로의 부족함을 채워주는 협력 구조를 형성한다. 이는 농촌 공동체의 사회적 자본을 재생산하는 효과를 낳는다.

5) 사례 박스 5 | "마을공장에서 세계시장으로"

전북의 한 마을 협동조합은 고추를 가공해 고추장과 분말 제품을 만든다. 초기에는 지역 내 판매에 그쳤지만, 청년들이 온라인 플랫폼과 해외 수출 판로를 개척하면서 매출은 연간 20억 원에 이르렀다. 고령 농민은 품질과 맛을 책임지고, 청년은 기술과 유통을 맡았다. 이 협업은 마을 단위 제조업이 세계적 시장과 연결될 수 있음을 보여준다.

6) 종합 평가

기술 기반의 2차 산업 활성화는 농촌 경제의 체질을 바꾼다. 그것은 단순히 원물 가격 변동에 휘둘리지 않는 안정성을 제공할 뿐 아니라, 농업-제조-서비스가 통합된 지역 자립 경제를 가능하게 한다. 또한 기술은 세대 간 격차를 메우는 매개체가 되어, 고령층과 청년이 협력하는 생산적 공동체를 형성한다.

궁극적으로, 농촌의 기술 기반 2차 산업은 한국형 6차 산업의 허리다. 스마트팜(1차)과 농촌 관광·서비스(3차)를 잇는 매개로서, 이 제조업이 견고할 때 비로소 농촌은 완결된 자립 구조를 가질 수 있다.

제7장
관광·서비스 산업과 콘텐츠

1절
관광유원지화된 산업단지

1) 서론: 농촌 산업단지와 관광의 접점

전통적으로 산업단지는 생산과 제조 중심의 공간으로 인식되었다. 그러나 6차 산업의 관점에서 산업단지는 단순히 생산 거점이 아니라, 소비와 경험이 함께 일어나는 복합 공간으로 설계될 수 있다. 특히 농촌의 산업단지는 도시민에게는 이국적이고 매력적인 체험 공간이 될 수 있으며, 이는 곧 관광 수요로 연결된다. 다시 말해, 농촌의 산업단지를 관광유원지화(遊園地化) 하는 전략은 단순한 경제 다각화가 아니라, 농촌의 정체성을 재정립하는 작업이다.

2) 생산지에서 체험지로의 전환

농촌 산업단지가 관광유원지로 전환되면, 생산 활동 자체가 관광 자원이 된다.

- 스마트팜 견학: 자동화 온실에서 토마토, 딸기, 파프리카가 재배되는 과정을 직접 보는 것은 도시민에게 신기한 체험이다.
- 스마트팩토리 방문: 농산물이 가공품으로 바뀌는 과정은 아이들의 교육과정, 기업 연수, 가족 단위 체험 프로그램으로도 활용 가능하다.
- 직접 참여형 프로그램: 수확, 가공, 요리, 포장 과정에 도시민이 직접 참여하는 순간, 생산은 곧 체험이 된다.

이렇게 되면 농촌은 더 이상 "보이지 않는 생산 공간"이 아니라, 경험과 학습의 장으로 자리 잡는다.

3) 관광유원지로서의 콘텐츠 구성

관광유원지화된 산업단지는 다음과 같은 콘텐츠를 가질 수 있다.

- 테마파크적 요소: 계절별 수확 체험 축제(봄 딸기, 여름 수박, 가을 사과, 겨울 감귤).
- 교육 콘텐츠: 농업·제조 과정을 STEM(과학·기술·공학·수학) 교육과 연계.
- 힐링 콘텐츠: 농촌 경관, 치유 농업, 농촌형 웰니스 프로그램.
- 문화 콘텐츠: 지역 전통 공연, 농경사 박물관, 특산품 전시·체험관.

즉, 산업단지는 단순히 '일하는 공간'이 아니라, 일하고, 배우고, 즐기고, 소비하는 다기능 공간으로 확장된다.

4) 도시민 수요와 지역경제 효과

도시민의 주말·휴가 수요는 농촌 관광유원지를 성장시키는 핵심 동력이다. 한국은 고속도로·KTX 등 교통 인프라가 잘 발달해 있어, 수도권·광역시민이 하루나 이틀이면 농촌 관광을 즐길 수 있다. 이들이 소비하는 교통·숙박·식음료·체험 비용은 곧 지역경제의 새로운 수익원이 된다.

특히 1인 가구와 맞벌이 부부의 증가로, 도심에서 벗어나 자연 속에서 여유를 찾으려는 수요가 늘어나고 있다. 농촌 산업단지는 바로 이 흐름을 흡수할 수 있는 최적의 공간이다.

5) 사례 박스 T | "딸기 마을의 봄 축제"

충남 논산의 한 마을은 스마트팜과 가공공장을 중심으로 딸기 축제를 열고 있다. 관광객은 온실에서 딸기를 직접 따고, 가공장에서 딸기잼을 만들며, 축제장에서 딸기 케이크와 음료를 즐긴다. 이 마을은 축제 기간에만 10만 명 이상의 방문객을 맞이하며, 농가 수익은 평소의 2배 이상 늘어난다. 산업단지가 곧 지역의 관광유원지로 기능하는 대표적 사례다.

6) 종합 평가

관광유원지화된 산업단지는 농촌을 생산 중심에서 경험·소비 중심으로 전환시킨다. 이는 도시민에게는 힐링과 학습의 공간을, 농민에게는 새로운 소득원을, 지역사회에는 공동체 재생의 기반을 제공한다.

궁극적으로, 산업단지의 관광유원지화는 단순한 '부수적 기능'이 아니라, 6차 산업을 완결하는 핵심 축이다. 생산(1차)과 가공(2차)에 이어, 서비스·관광(3차)이 결합할 때 농촌 경제는 자립적 구조로 자리 잡는다.

2절
호텔·펜션·테마파크 연계

1) 서론: 관광 인프라와 체류형 소비

　관광산업의 성공은 체류 시간의 길이와 비례한다. 농촌 산업단지가 단순히 당일치기 체험 공간으로 머문다면, 방문객은 일부 농산물이나 체험 비용만 지출하고 돌아간다. 그러나 숙박 시설과 테마형 콘텐츠가 결합하면 관광객은 이틀, 사흘 머물며 훨씬 더 많은 소비를 한다. 따라서 호텔·펜션·테마파크의 연계는 농촌 관광이 단순한 부업이 아니라 지역경제의 중심 산업으로 자리 잡도록 만드는 핵심 요소다.

2) 호텔·펜션의 역할

　농촌 산업단지에 숙박 시설이 들어서면, 관광객의 소비 패턴이 크게 바뀐다.

- 농가형 펜션: 전통 가옥이나 농촌 주택을 개조한 펜션은 도시에선 경험하기 어려운 정서적 만족을 준다.
- 중소형 호텔: 가족 단위 관광객이나 단체 방문객에게 안정적인 숙소를 제공한다.
- 웰니스형 숙소: 온천·한방 치유·요가 프로그램이 결합된 숙소는 고령층·중장년 관광객에게 매력적이다.

　이러한 숙박 인프라는 농촌 관광을 단순히 "하루 체험"이 아닌 "체류형 여행"으로 전환시키는 관건이다.

3) 테마파크의 결합

농촌 산업단지가 테마파크 기능을 갖추면, 단순한 체험장이 아니라 복합 관광지로 도약한다.

- 농업 테마파크: 사계절 온실을 활용한 '토마토 정원', '딸기 천국' 같은 전시·체험 공간.
- 문화 테마파크: 지역의 역사·전통을 활용한 공연, 공예, 축제.
- 놀이형 콘텐츠: 아이들을 위한 미니 놀이공원, 농업 기계 체험장, 동물원·승마장.

이러한 테마파크적 요소는 체험객의 만족도를 높이고, 재방문율을 끌어올린다.

4) 연계 효과: 순환 구조의 완성

호텔·펜션·테마파크가 연계되면, 농촌 산업단지는 다음과 같은 순환 구조를 갖는다.

- 낮에는 스마트팜·스마트팩토리 체험을 하고,
- 오후에는 테마파크에서 놀이와 문화 콘텐츠를 즐기며,
- 밤에는 호텔·펜션에서 숙박하면서 지역 음식과 특산품을 소비한다.

즉, 생산(농산물) → 체험(가공·관광) → 숙박·소비(호텔·펜션·테마파크)로 이어지는 완결된 소비 사슬이 작동하는 것이다.

5) 사례 박스 U | "온천과 농촌 관광의 만남"

충북 A군은 탄산 온천 자원을 활용해 소규모 호텔과 펜션을 조성하고, 인근 농촌 산업단지와 연계했다. 방문객은 낮에는 농장에서 채소를 수확하고, 가공장에서 김치를 담근 뒤, 저녁에는 호텔에서 온천과 한방 치유 프로그램을 즐긴다. 이 구조는 단순한 체험형 관광을 넘어, 힐링·체류형 관광으로 발전하면서 연간 방문객 수가 3배 이상 늘어났다.

6) 종합 평가

호텔·펜션·테마파크 연계는 농촌 산업단지를 단순한 생산·체험 공간에서 종합 관광 거점으로 변모시킨다. 이 구조는 체류형 소비를 창출하고, 지역의 음식·문화·자연 자원과 결합하여 지속 가능한 관광 모델을 완성한다.

궁극적으로, 이러한 연계 전략은 농촌을 더 이상 '도시의 배후지'가 아닌, 독립적 생활·관광 권역으로 격상시키는 효과를 가진다. 이는 6차 산업의 철학—생산, 가공, 서비스의 융합—을 가장 직접적으로 구현하는 장치다.

3절
학습장·체험형 도시 모델

1) 서론: 농촌은 더 이상 '생산지'가 아니다

과거 농촌은 도시민에게 단순히 식량을 공급하는 생산지로만 인식되었다. 그러나 21세기 농촌은 교육과 체험, 치유와 문화가 결합된 사회적 학습장(learning field)으로 전환될 수 있다. 농업과 산업, 관광과 생활이 어우러진 이 새로운 도시 모델은 단순히 체험을 제공하는 공간을 넘어, 학습과 관계 형성의 플랫폼으로 기능한다.

2) 학습장으로서의 농촌
농촌은 도시에서는 경험하기 힘든 살아 있는 교육 자원을 제공한다.

- 생태학습: 토양·물·식물의 성장 과정을 직접 관찰하고 배우는 환경 교육.
- 산업학습: 스마트팜과 스마트팩토리에서 생산과 가공, 유통의 과정을 이해하는 산업 교육.
- 문화학습: 지역의 전통 공예, 음식, 생활양식 등을 배우는 •생활문화 교육.

이러한 학습은 단순한 지식 전달을 넘어, 체험적 학습을 통해 아이들과 청년 세대에게 지속 가능한 사회와 생태에 대한 감수성을 심어준다.

3) 체험형 도시의 모델
학습 기능이 강화된 농촌 산업단지는 곧 체험형 도시로 발전할 수 있다.

- 주말형 체험 도시: 도시민이 주말마다 방문해 농업·가공·문화 체험을 하는 구조.
- 계절형 체험 도시: 계절별 축제(봄 꽃, 여름 물놀이, 가을 수확, 겨울 전통음식)를 중심으로 운영.
- 상주형 학습 도시: 일부 도시민이 장기 거주하며 원격 근무와 농촌 체험을 병행하는 형태.

이 모델은 단순 관광이 아니라, 농촌에서 배우고, 즐기고, 사는 것을 결합한 새로운 도시 패러다임이다.

4) 고령층과 청년층의 참여

학습장·체험형 도시 모델은 세대 간 상호작용을 촉진한다.

고령층은 전통 농사법, 음식, 공예, 지역사를 가르치며 지식과 경험의 전달자가 된다.

청년층은 디지털 기기 활용, 체험 프로그램 기획, SNS 홍보를 맡으며 새로운 콘텐츠 생산자가 된다.

이 과정에서 세대는 단순히 공존하는 것이 아니라, 서로 배우고 가르치는 상호 학습 공동체를 형성한다.

5) 사례 박스 Ⅴ | "학교 밖의 학교"

강원도의 한 마을은 초등학교 폐교 건물을 개조해 농촌 학습센터를 만들었다. 이곳에서는 도시의 아이들이 일주일간 합숙하며, 낮에는 스마트팜에서 농업 실습을 하고, 저녁에는 지역 어르신에게 전통 음식과 농기구 사용법을 배운다. 학부모들은 주말에 합류해 가족 단위 체험을 하며, 지역 농산물 소비로 이어진다. 이 프로젝트는 농촌이 단순히 관광지가 아니라, 학교 밖의 학교로 기능할 수 있음을 보여준다.

6) 종합 평가

학습장·체험형 도시 모델은 농촌을 교육·체험·관계의 거점으로 재정의한다. 이는 도시민에게는 새로운 학습과 경험을, 농민에게는 안정적 수익과 사회적 자긍심을, 지역 공동체에는 지속 가능한 발전 모델을 제공한다.

궁극적으로, 학습장·체험형 도시 모델은 단순한 관광을 넘어, 미래 세대와 현재 세대를 연결하는 사회적 장치다. 농촌은 이 모델을 통해 사라져가는 전통을 보존하고, 동시에 첨단 기술과 융합해 새로운 문화를 창조할 수 있다.

결론: 농촌 산업단지의 제3차 산업화

관광·서비스 산업과 콘텐츠를 결합한 농촌 산업단지는 더 이상 단순한 생산·가공 거점이 아니다. 그것은 도시민에게는 배움과 휴식, 치유와 즐거움을 제공하는 생활 공간이며, 농민에게는 새로운 소득원과 사회적 자긍심을 보장하는 산업 거점이다. 산업단지가 관광유원지화되고, 숙박과 테마파크가 연계되며, 학습장·체험형 도시 모델로 확장될 때, 농촌은 비로소 6차 산업의 완결된 삼각 구조(생산-가공-서비스)를 실현한다.

이러한 변화는 단순한 경제적 효과를 넘어선다. 그것은 농촌이 사회적 기능을 회복하는 과정이기도 하다. 고령층은 경험과 지혜를 전수하는 교육자로서 역할을 되찾고, 청년은 새로운 기술과 아이디어를 접목하며 혁신의 주체가 된다. 도시민은 단순한 소비자가 아니라, 농촌의 재생에 직접 참여하는 협력자로 변한다. 결국, 관광·서비스 산업과 콘텐츠는 농촌을 열린 공동체, 상호 학습의 장, 지속 가능한 생활권으로 탈바꿈시킨다.

궁극적으로 제7장이 보여준 것은, 농촌의 3차 산업화가 단순한 부가 산업이 아니라, 농촌 생태계를 되살리고, 지역경제를 자립시키며, 도시와 농촌을 새로운 관계망으로 묶는 핵심 축이라는 점이다. 이것은 곧 다음 장에서 다룰 콤팩트 시티와 6차 산업의 결합 모델로 이어지는 중요한 교량 역할을 하게 될 것이다.

제 3 부

콤팩트 시티의 비전

03

**콤팩트
시티의
비전**

제1장
콤팩트 시티의 이론과 세계 사례

1절
유럽·일본의 콤팩트 시티 정책

콤팩트 시티(compact city)라는 개념은 도시를 압축·재배치함으로써 에너지 절약, 고령사회 대응, 도시공동체 회복을 동시에 추구하려는 시도에서 비롯되었다. 20세기 중반 이후 무분별한 도시 확산(urban sprawl)이 유럽과 일본에서 공통적으로 문제로 제기되었는데, 교외 확산은 교통 혼잡, 환경 파괴, 공공 서비스 비용 증가라는 삼중의 부담을 낳았다. 이에 대한 대안으로 제시된 것이 바로 도시의 기능과 인구를 적정 규모의 중심에 모아 압축하는 전략이었다.

유럽의 대표적 사례는 네덜란드와 독일에서 찾을 수 있다. 네덜란드는 일찍부터 국토계획을 통해 도시의 확산을 제한하고, 도시 내 보행·자전거 중심의 생활권을 설계했다. 특히 프라이부르크는 '친환경 압축도시'의 전형으로 꼽히는데, 트램 중심의 교통체계, 도심과 인접한 녹지 보존, 태양광

에너지 주택 단지 등은 압축도시가 지속가능성을 실현할 수 있음을 보여준다.

일본은 인구 감소와 고령화가 본격화되면서 콤팩트 시티 정책을 강력히 추진했다. 도야마시는 전국 최초로 "트램 축 콤팩트 시티"를 내세워, 인구와 공공 시설을 교통축 주변으로 집중시켰다. 이 과정에서 도심의 병원, 학교, 상업시설이 재배치되었고, 고령자가 대중교통만으로 일상 생활을 유지할 수 있는 구조가 마련되었다. 이는 지방도시가 소멸하지 않고 생존할 수 있는 전략적 선택이었다.

◇ 유럽과 일본 사례는 공통적으로, 도시의 기능을 흩뜨리지 않고 모아내는 압축 전략이 고령사회·환경위기·재정 부담을 동시에 해결할 수 있음을 증명한다.

2절
압축도시와 지속가능성

압축도시는 단순히 물리적 공간의 문제를 넘어서, 사회적 지속가능성을 담보하는 구조적 해법이다.

첫째, 에너지 절감 효과가 크다. 분산된 도시 구조에서는 자동차 이동이 필수적이지만, 압축된 도시에서는 보행과 대중교통으로 충분하다. 이는 탄소 배출을 줄이고 기후 위기에 대응하는 효과로 이어진다.

둘째, 사회적 안전망이 강화된다. 고령자는 병원·복지시설·문화시설에 도보나 트램으로 접근할 수 있고, 아동과 청소년도 안전하게 학교와 놀이공간을 이용할 수 있다. 압축도시는 돌봄·의료·교육의 인프라가 효율적으로 배치되는 구조를 가능하게 한다.

셋째, 경제적 지속가능성이다. 도시는 넓게 퍼져 있을수록 공공 인프라 유지 비용이 기하급수적으로 늘어난다. 상하수도, 전기, 도로, 대중교통망을 분산된 거주지에 공급하는 데는 막대한 비용이 소요된다. 압축도시는 이 비용을 최소화하면서, 동시에 상권과 서비스업이 일정 인구밀도를 바탕으로 유지될 수 있게 한다.

결국 압축도시는 환경·사회·경제라는 세 축에서 모두 지속가능성을 달성할 수 있는 합리적 모델이다.

3절
한국 적용의 시사점

한국은 세계에서 가장 빠른 속도로 도시화를 경험한 국가 중 하나다. 그 결과, 수도권은 과밀로 몸살을 앓고, 지방은 공동화로 신음하고 있다. 신도시 정책은 주택 공급에는 일정한 성과를 거두었으나, 일자리·서비스·돌봄 기능이 분리되면서 수도권 집중을 오히려 강화하는 역설적 결과를 낳았다.

이제 한국의 신도시는 단순한 '침실도시'가 아니라, 콤팩트 시티 모델로 전환되어야 한다. 그것은 주거·일자리·복지·문화가 하나의 생활권 안에서 작동하는 도시다. 특히 고령화 사회에서, 고령자가 의료·돌봄·여가 자원에 쉽게 접근할 수 있는 구조는 절대적이다.

한국형 콤팩트 시티는 유럽·일본의 사례를 참고하되, ICT 기반의 스마트 기술, 고속 교통망, 산지 자원 활용 등 고유한 조건을 반영해야 한다. 신도시 개발의 목표는 더 많은 아파트가 아니라, 더 나은 삶을 보장하는 생활권 도시여야 한다.

제2장
산지 활용과 한국형 입지 모델

1절
국토의 70% 산지 활용 방안

한국은 전체 국토의 약 70%가 산지로 이루어져 있다. 그동안 산지는 주로 개발의 제약 요인으로 간주되어 왔다. 농경지로 활용하기엔 경사가 가파르고, 도시 확장지로는 토목 비용이 과중하다는 이유였다. 그러나 시각을 바꾸면, 산지는 단순한 제약이 아니라 새로운 기회가 될 수 있다.

오늘날 고속도로, KTX, 광역 교통망이 전국을 촘촘히 연결하고 있고, 디지털 통신망 또한 산간 지역까지 확산되어 있다. 과거 "외진 곳"이라 불렸던 공간이 더 이상 고립된 섬이 아니다. 게다가 산지는 도시보다 쾌적한 기후, 수려한 자연 경관, 치유 자원을 갖추고 있어, 주거·관광·스마트 농업 등 복합 개발의 잠재력이 크다.

산지 활용의 핵심은 환경 보존과 개발의 균형이다. 대규모 택지 조성 방식이 아니라, 기존 지형과 경관을 존중하며 소규모 단위의 콤팩트 시티를 설계해야 한다. 산림의 70%를 훼손하는 대신, 30%의 유휴 공간을 활용하고, 숲과 호수를 그대로 도시의 경관 자원으로 전환하는 식이다. 산지는 더 이상 개발 불가지가 아니라, 지속 가능한 도시 실험의 최적 무대다.

2절
10~30만 평 규모 모델

산지를 활용한 콤팩트 시티의 이상적 규모는 10만 평에서 30만 평 정도다. 이는 기존 신도시처럼 수천만 평을 택지화하는 방식이 아니라, 중간 규모의 생활 단위 도시를 지향한다는 점에서 차별성이 있다.

10만 평 규모는 약 500세대, 30만 평은 약 2000세대가 거주할 수 있는 크기다. 이 정도면 하나의 단지가 주거·스마트팜·스마트팩토리·관광 인프라를 동시에 갖추고, 내부적으로 생활 자족이 가능하다. 동시에 지나치게 커지지 않기 때문에, 주변 도시와의 상호보완 관계를 유지할 수 있다.

규모를 중간 수준으로 설정하는 이유는 두 가지다. 첫째, 한국의 산지는 대규모 평탄지가 드물기 때문이다. 작은 계곡, 구릉, 평탄지를 연결해 중규모 단지를 만드는 것이 현실적이다. 둘째, 주민 간의 사회적 밀착성을 유지할 수 있다. 수천 세대가 몰린 대도시형 신도시는 익명성과 단절을 낳지만, 500~2000세대 단위는 공동체적 결속과 협동이 가능하다.

따라서 산지형 콤팩트 시티는 거대 도시가 아니라, 중간 도시 네트워크의 형식으로 설계하는 것이 바람직하다.

3절
500~2000세대 유닛 단위 설계

실제 설계 단계에서 중요한 것은 유닛 단위다. 즉, 신도시를 500~2000세대 규모의 모듈형 단위로 나누고, 각 단위가 독립성과 연계성을 동시에 가지도록 설계하는 것이다.

500세대 규모 유닛에는 다음과 같은 핵심 기능이 들어간다.

- 공동주거 공간과 스마트팜 단지
- 소규모 가공·제조 시설(스마트팩토리)
- 공동 급식소, 공동 돌봄 센터, 커뮤니티 공간
- 1차 의료·교육·생활 편의 시설

2,000세대 규모 유닛은 이를 확장하여, 호텔·펜션·테마파크·문화센터 등을 추가로 포함할 수 있다. 중요한 것은 각 유닛이 완결된 생활권을 가지면서, 동시에 다른 유닛과 도로·디지털 네트워크로 연결된다는 점이다.

이렇게 설계된 신도시는 단위별로 자립하면서도, 네트워크 전체가 하나의 큰 생활권을 이룬다. 마치 작은 별들이 모여 별자리를 이루듯, 각 유닛이 모여 새로운 도시 질서를 만든다.

종합 결론: 한국형 입지 전략의 의미

제9장은 산지를 제약이 아닌 기회로 전환하는 전략을 제시한다.

- 국토의 70%에 달하는 산지는 개발의 사각지대가 아니라, 새로운 도시 자원

의 보고다.
- 10~30만 평 규모의 중간 도시 모델은 현실적이고, 공동체적이며, 환경 친화적이다.
- 500~2000세대 유닛 단위 설계는 자립성과 연계성을 동시에 확보하는 한국형 신도시의 핵심 원리다.

궁극적으로 산지 활용과 유닛 단위 설계는 한국 사회의 과제를 동시에 풀어낸다. 수도권 집중 완화, 지방 공동화 방지, 고령사회 일자리 제공, 환경 보존이라는 네 가지 과제를 통합적으로 해결할 수 있는 것이다. 한국형 콤팩트 시티는 단순한 도시 계획이 아니라, 국토 균형 발전의 새로운 패러다임이 될 수 있다.

제3장
공동체와 생활 혁신

1절
공동취사·공동돌봄 시스템

현대 도시의 생활 구조는 각 가정이 모든 생활을 독립적으로 감당하는 방식이다. 밥을 해 먹고, 아이를 키우고, 노인을 돌보는 일이 모두 개별 가정의 몫이다. 그러나 이러한 구조는 점점 한계에 부딪히고 있다. 핵가족화·저출산·고령화가 심화되면서, 한 가정이 돌봄을 전적으로 짊어지는 것은 거의 불가능해졌다.

콤팩트 시티가 제시하는 해법은 공동취사와 공동돌봄이다. 단지마다 공동급식소나 공유 주방을 마련해 아침과 저녁을 함께 해결한다면, 여성의 가사노동은 크게 줄어들고, 1인 가구·고령층·아동 모두가 안정적인 식사를 보장받을 수 있다. 실제 일본 도야마시의 콤팩트 시티 실험에서는 공동 급식 시스템이 고령자 영양 불균형 해소에 효과를 보였다.

공동돌봄 역시 핵심이다. 아동은 마을형 보육 시설에서 함께 돌보고, 노인은 데이케어센터에서 사회적 관계를 유지한다. 이렇게 되면 세대 간의 분리와 고립이 해소되고, 아이와 노인이 같은 공간에서 시간을 보내며 세대 공존형 공동체가 형성된다.

2절
여성 가사노동 해방 구조

가정 내 보이지 않는 노동은 여전히 여성에게 집중되어 있다. 통계청 조사에 따르면 한국 여성은 하루 평균 3시간 이상 가사와 돌봄 노동을 수행하며, 남성은 절반에도 미치지 못한다. 이는 여성의 경제 참여와 사회 활동을 제약하는 구조적 요인이다.

콤팩트 시티는 이 문제를 생활 서비스의 사회화를 통해 풀 수 있다. 공동세탁실, 공유형 가전, 가사 지원 서비스가 일상화되면 여성은 더 이상 집안일에만 묶여 있지 않다. 공동급식소에서 식사를 해결하고, 청소·세탁을 공동화하면, 여성은 사회적 노동에 참여할 시간과 에너지를 확보한다.

이는 단순한 편리의 문제가 아니라, 젠더 평등과 사회 혁신의 문제다. 여성의 잠재력이 가사노동에만 묶여 있다면 사회 전체가 손해를 보는 것이며, 가사노동을 사회화함으로써 여성의 역량을 경제와 공동체에 투입하는 것이 곧 국가 경쟁력의 강화로 이어진다.

3절
도심-신도시 간 상생 네트워크

콤팩트 시티는 자립적이어야 하지만, 동시에 도심과 단절된 섬으로 남아서는 안 된다. 중요한 것은 상생 네트워크다.

경제적으로는 신도시가 도심에 신선 농산물, 가공품, 관광 콘텐츠를 공급하고, 도심은 신도시에 첨단 의료·교육·문화 자원을 제공한다. 인적 교류 차원에서는 도시민이 신도시를 주말형 세컨드하우스로 활용하고, 신도시 주민은 도심의 일자리나 대학 교육 기회를 활용한다.

디지털 기술은 이 연결을 더욱 강화한다. 원격근무, 온라인 학습, 원격진료는 신도시와 도심을 물리적으로 떨어뜨려 놓지 않는다. 결국 콤팩트 시티는 고립된 자립이 아니라, 도심과의 상호 의존 속에서 성장하는 자립을 지향한다.

종합 결론: 생활 혁신이 가져오는 사회적 전환

제10장이 보여준 것은, 콤팩트 시티가 단순한 건축적·도시계획적 실험이 아니라는 점이다. 그것은 곧 생활 혁신과 공동체 회복의 실험이다.

- 공동취사와 공동돌봄은 사회적 안전망을 강화한다.
- 여성 가사노동의 해방은 사회 참여와 성평등을 실현한다.
- 도심-신도시 네트워크는 국토 균형 발전과 사회적 연대를 가능하게 한다.

궁극적으로 콤팩트 시티는 새로운 도시 형식이 아니라, 새로운 사회계약(social contract)이다. 주거, 돌봄, 노동, 관계가 다시 짜이는 구조 속에서, 한국 사회는 고령화·저출산·수도권 집중의 위기를 넘어설 새로운 가능성을 발견할 수 있다.

제4부

실행 전략과 정책 대안

04

**실행
전략과
정책 대안**

제1장
수도권 분산과 국토 균형발전

1절
신도시 패러다임 전환

　대한민국의 신도시 정책은 지난 30년간 주택 공급 확대를 최우선 과제로 삼아왔다. 제1기 신도시는 서울의 집값 안정을 목표로, 제2기 신도시는 교통망 확충과 분양가 안정화, 제3기 신도시는 청년·무주택자 중심의 주택 공급이라는 명목으로 추진되었다. 그러나 그 결과는 기대와 달리, 수도권 집중 심화와 지방 공동화라는 이중의 문제를 낳았다.
　문제의 핵심은 신도시가 "주거 공급지"로만 설계되었다는 점이다. 베드타운(bed town)으로서의 신도시는 낮에는 텅 비고 밤에는 밀집하는 단조로운 공간이 되었으며, 주민들은 일자리와 서비스, 교육을 위해 다시 서울로 이동해야 했다. 그 결과, 교통 혼잡과 출퇴근 피로는 심화되었고, 신도시 주민의 삶의 질은 개선되지 못했다.
　이제 신도시 패러다임은 근본적으로 전환되어야 한다. 단순히 아파트를 공급하는 정책이 아니라, 주거·일자리·복지·문화가 결합된 생활 자립형 도시를 만들어야 한다. 이를 위해 몇 가지 방향이 필요하다.

첫째, 신도시는 주거와 일자리의 결합을 중심 원리로 삼아야 한다. 스마트팜, 스마트팩토리, 관광·서비스 산업 같은 6차 산업 모델이 신도시 내부에 포함되어야 하며, 주민 스스로가 경제 활동에 참여할 수 있는 구조를 마련해야 한다.

둘째, 신도시는 복지와 돌봄의 거점이 되어야 한다. 단지 내에 공동 급식·공동 돌봄·공공 의료가 내재화되면, 주민은 안정적인 생활 기반을 확보할 수 있다. 이는 특히 고령층과 맞벌이 가정에게 필수적이다.

셋째, 신도시는 문화·관계망의 공간으로 설계되어야 한다. 단순히 잠만 자는 공간이 아니라, 도서관·체육관·커뮤니티 센터·축제 공간을 통해 주민들이 서로 연결되는 생활 공동체가 되어야 한다.

궁극적으로 신도시 패러다임 전환은 "주택의 공급"에서 "삶의 설계"로, "물량의 확대"에서 "질적 혁신"으로 무게중심을 옮기는 일이다. 한국 사회가 직면한 수도권 과밀·지방 공동화·고령화라는 복합 위기는 단순한 건설로 해결되지 않는다. 새로운 신도시는 살아가는 방식 자체를 혁신하는 사회적 실험장이 되어야 한다.

2절
지방 활성화 전략

수도권 집중을 완화하지 않고서는 국토 균형발전은 불가능하다. 그러나 단순히 수도권 억제를 통해 지방으로 인구를 밀어내는 방식은 이미 실패를 경험했다. 1980~90년대 여러 지방 중소도시 개발 정책은 일자리와 서비스, 교육 인프라가 따라오지 못해 정착 인구를 유지하지 못했다. 따라서 지방 활성화 전략은 "서울의 대체재"가 아니라, 독자적 매력과 기능을 지닌 자립 거점을 만드는 방향으로 전환되어야 한다.

첫째, 지방은 6차 산업의 실험장으로 조성해야 한다. 농업 생산에 그치지 않고, 가공과 관광, 문화 콘텐츠가 결합된 모델을 지역 단위에서 구현한다면, 지방은 단순히 '서울의 배후지'가 아니라 독자적 경제 생태계를 구축할 수 있다. 예컨대 전북 완주나 전남 구례는 이미 농촌형 푸드플랜과 치유농업을 중심으로 한 자립형 모델을 만들어가고 있으며, 이는 전국으로 확산할 수 있는 가능성을 보여준다.

둘째, 지방은 고령화 사회의 대응 거점이 될 수 있다. 수도권의 고가 아파트에 은퇴 자산을 묶어 둔 베이비부머 세대는 소득이 부족하다. 이들을 지방형 신도시로 유입시켜, 경량 노동이 가능한 스마트팜·스마트팩토리·관광 서비스에 참여시킨다면, 고령층의 삶의 질과 지역 경제를 동시에 개선할 수 있다. 이는 단순한 인구 분산이 아니라, 노후 복지와 일자리 창출을 결합한 지방 모델이다.

셋째, 지방 활성화는 청년의 기회 창출과 결합해야 한다. 귀농·귀촌 정책은 단순한 정착 지원금으로는 한계가 있다. 청년이 창업·혁신의 주체로 활동할 수 있는 스타트업형 지원 체계, 농촌형 IT·에너지·문화산업 육성이 병행되어야 한다. 예컨대, 농산물 가공품의 온라인 판매, 농촌 관광 플랫폼, 산지형 신재생에너지 사업 등은 청년 세대의 디지털 역량과 결합할 수 있다.

넷째, 지방은 문화·관광 자원의 보고다. 역사적 유산, 자연 경관, 지역 축제를 단순한 향토 자랑이 아니라, 지역 경제를 견인하는 콘텐츠로 전환해야 한다. 일본의 소도시들이 '온천+관광+문화' 삼각 모델로 부흥한 사례처럼, 한국도 지역별로 특화된 문화자원을 경제적 동력으로 활용할 수 있다.

결국 지방 활성화 전략은 단순히 수도권 인구를 분산하는 정책이 아니라, 새로운 생활·산업·문화 중심지를 구축하는 국가 전략이어야 한다. 지방은 소멸 위기의 공간이 아니라, 오히려 한국 사회의 미래를 실험하고 개척할 수 있는 가장 역동적인 무대다. 수도권의 과밀과 지방의 공백을 동시에 해소하는 해법은, 지방을 보조적 공간이 아닌 대안적 중심으로 세우는 데서 시작한다.

3절
교통·물류·에너지 연계 방안

수도권 분산과 지방 활성화가 성공하기 위해서는 무엇보다도 연결성이 뒷받침되어야 한다. 주거·일자리·복지·문화가 아무리 잘 설계된 신도시라 하더라도, 교통망이 부족하거나 물류·에너지 인프라가 불안정하다면 인구는 정착하지 않는다. 따라서 교통, 물류, 에너지 세 축은 국토 균형발전을 위한 기반 인프라이자, 지방 신도시의 생존 조건이다.

1) 교통망: 수도권-지방을 하나의 생활권으로

한국의 고속 교통망은 이미 세계적으로 밀도가 높다. 고속도로, KTX, SRT, 광역버스망은 수도권과 지방을 빠르게 연결한다. 그러나 문제는 접근성의 격차다. 주요 거점 도시 이외의 중소도시·농촌 지역은 여전히 교통의 사각지대에 놓여 있다.

신도시 패러다임의 전환은 교통망의 재설계와 직결된다.

광역철도망은 수도권과 지방을 단일 생활권으로 묶는 핵심이다. 예컨대 충청권·강원권 신도시가 서울과 1~2시간 이내로 연결되면, 지방에 살면서 수도권과 연계된 생활·업무가 가능하다.

지역 내 순환 교통도 필수적이다. 지방 신도시는 도시 내부에 자동차 의존이 아닌 보행·자전거·대중교통 중심 구조를 설계해야 한다. 그래야 고령층도 이동이 자유롭고, 삶의 질이 높아진다.

2) 물류망: 신도시의 산업 생태계를 떠받치는 뼈대

지방 신도시가 단순 주거지가 아니라 생활·생산 자립형으로 기능하기 위해서는 물류망의 혁신이 필요하다. 스마트팜과 스마트팩토리에서 생산된 농산물과 가공품은 전국·글로벌 시장으로 빠르게 나가야 한다.

- 저온 물류망: 신선 농산물을 도시 소비자에게 안정적으로 공급하기 위해서는 전국 단위 저온 물류 체계가 필수적이다.
- 디지털 물류 플랫폼: 지역 농가와 소비자를 직접 연결하는 온라인 플랫폼은 물류 효율성을 높이고, 중간 유통 비용을 줄일 수 있다.
- 지역 거점 물류 센터: 각 신도시 인근에 물류 거점을 두어, 생산-가공-유통이 단일 체계로 운영되도록 해야 한다. 이는 단순 효율성만이 아니라, 지역 산업

생태계의 뿌리를 강화한다.

3) 에너지: 분산형·자립형 구조의 구축

지방 신도시는 에너지 측면에서도 기존의 대규모 중앙집중형 시스템을 벗어나야 한다. 한국은 국토의 70%가 산지이고, 풍력·태양광·수소·소수력 같은 신재생 자원의 잠재력이 크다. 신도시는 이를 활용해 분산형 에너지 체계를 구축해야 한다.

- 마이크로그리드: 지역 단위에서 전력을 생산·저장·소비하는 소규모 전력망은 에너지 자립도를 높인다.
- 신재생 에너지 클러스터: 태양광과 풍력을 결합한 신도시형 에너지 단지는 환경 친화성과 비용 절감을 동시에 달성할 수 있다.
- 에너지 복지: 특히 고령층과 저소득층이 많은 지방 신도시에서는, 안정적이고 저렴한 에너지 공급이 삶의 질을 좌우한다. 분산형 체계는 곧 에너지 불평등을 완화하는 장치다.

4) 종합적 함의

교통·물류·에너지는 별개의 과제가 아니다. 세 축이 유기적으로 연결될 때, 지방 신도시는 수도권과 경쟁할 수 있는 생활·산업 거점으로 부상한다. 교통이 삶의 접근성을 보장하고, 물류가 산업 생태계를 강화하며, 에너지가 지속가능성을 뒷받침한다. 이는 단순한 인프라 구축이 아니라, 국토 균형발전의 사회적 계약을 새로 쓰는 일이다.

제2장
금융·투자 모델

1절
베이비부머 자산의 전환

한국 사회의 베이비부머 세대는 전후 산업화와 주택공급 정책의 직접적인 수혜자였다. 그들의 삶의 궤적은 곧 한국 자산 구조의 특징을 압축한다. 즉, 주택 중심의 자산 축적이다. 서울과 수도권 아파트 가격 상승은 이 세대의 부를 크게 키웠지만, 은퇴 이후에는 또 다른 문제를 낳았다. 그것은 소득이 단절된 상태에서 거액의 자산이 비유동적인 형태로 묶여 있다는 점이다. 겉으로는 "억대 자산가"처럼 보이지만, 실제 생활은 연금 부족과 대출 상환 부담 속에서 빠듯하다. 이 현상을 흔히 '자산 가난(Asset Poverty)'이라 부른다.

따라서 베이비부머의 자산을 단순히 '보유'하는 것이 아니라, '전환'하는 전략이 필요하다. 이 전환은 두 가지 축에서 이루어진다. 하나는 유동화이고, 다른 하나는 지역화다.

첫째, 유동화 전략이다. 베이비부머가 보유한 수도권 고가 아파트는 현금 흐름을 만들지 못한다. 이 자산을 금융상품이나 사회적 펀드에 편입시켜, 일정한 연금형 소득으로 전환하는 방식이 필요하다. 예를 들어, 주택연금 제도를 확대·개선해 안정적 생활비를 제공하거나, 지역 신도시 개발 펀드에 투자하여 배당 수익을 얻도록 하는 방식이다. 이때 핵심은 단순 매각이나 현금화가 아니라, 자산이 지속적으로 소득을 발생시키는 구조로 설계하는 것이다.

둘째, 지역화 전략이다. 수도권에 묶여 있는 자산을 지방으로 이동시키는 장치가 필요하다. 예컨대 베이비부머가 보유한 자산의 일부를 지방 신도시 건설·스마트팜·스마트팩토리 투자에 참여하도록 유도하는 것이다. 이는 단순히 자산 소유자의 이익만이 아니라, 지방 경제의 자립 기반을 마련한다는 점에서 사회적 가치가 크다. 특히 은퇴 세대가 직접 지방 신도시에 거주하면서 노동과 생활에 참여할 경우, 자산의 전환은 곧 삶의 전환으로 이어진다.

셋째, 사회적 안전망과 연계된 자산 활용이다. 베이비부머 자산 전환은 개별 가구의 문제를 넘어서, 한국 사회 전체의 복지 문제와 맞닿아 있다. 수도권 주택 자산이 단순히 상속 대상이 아니라, 사회적 투자 자원으로 전환될 때, 세대 간 형평성과 사회적 안전망이 함께 보완된다. 예컨대, 특정 지역 신도시에 투자한 자산은 공동체 인프라—공공의료, 공동 급식, 돌봄센터—를 운영하는 재원으로 쓰일 수 있다. 이는 개인의 자산이 공공의 자산으로, 다시 개인의 생활 안정으로 환류하는 순환 구조를 형성한다.

사례를 들어 보자. 서울에 15억 원 상당의 아파트를 보유한 은퇴 가구가 있다고 하자. 현재로서는 주택연금을 신청해도 생활비는 월 100만~150만 원 수준에 불과하다. 그러나 이 자산의 일부를 지방 신도시 펀드에 편입시키면, 매월 안정적 배당 수익과 동시에 지방 주거 기회를 얻을 수 있다. 즉, '집값 상승의 자산'이 '생활비의 자산'으로 전환되는 구조가 가능하다.

궁극적으로 베이비부머 자산의 전환은 단순한 금융 기술의 문제가 아니다. 그것은 한국 사회가 직면한 세대 문제, 복지 문제, 국토 문제를 동시에 해결하는 열쇠다. 수도권의 고가 자산을 지방 신도시의 투자 자원으로 돌리는 순간, 개인의 노후 불안은 줄고, 지방은 성장 동력을 얻게 된다. 바로 이 점에서 자산 전환은 개인과 공동체를 동시에 살리는 사회적 전략이라 할 수 있다.

2절
사회적 금융·펀드 모델

베이비부머 세대의 자산 전환이 개별 가구 차원의 해법이라면, 사회적 금융과 펀드 모델은 이를 제도적·구조적으로 뒷받침하는 장치다. 한국 사회는 고령화, 수도권 집중, 지방 소멸이라는 삼중의 위기에 직면해 있지만, 동시에 막대한 규모의 사적 자산이 주택에 묶여 있는 상태다. 이 자산을 사회 전체의 문제 해결 자원으로 전환하기 위해서는 사회적 금융(Social Finance) 체계가 필요하다.

1) 사회적 금융의 의미
사회적 금융은 단순히 수익을 추구하는 금융이 아니라, 사회 문제 해결을 동시에 목표로 삼는 금융이다. 즉, 투자자는 일정한 수익을 얻으면서도, 그 과정에서 사회적 가치가 창출된다. 농촌형 6차 산업단지나 콤팩트 시티 같은 프로젝트는 전형적인 사회적 금융의 투자 대상이다. 이 사업들은 초기 수익성은 낮을 수 있지만, 장기적으로는 일자리 창출, 노후 복지, 국토 균형 발전이라는 다층적 성과를 낳는다.

2) 지역 기반 펀드 모델

사회적 금융은 지역 단위 펀드로 구체화될 수 있다.

- 농촌 협동조합 펀드: 주민 스스로가 출자하여, 스마트팜·스마트팩토리·관광 시설을 운영하는 모델이다. 수익은 조합원 배당으로 돌아가며, 동시에 지역 공동체 인프라를 유지하는 재원이 된다.
- 지방 신도시 개발 펀드: 베이비부머 자산, 지자체 기금, 민간 투자자를 결합하여, 신규 신도시 건설과 운영을 함께 책임지는 펀드다. 단순 건설 수익이 아니라, 운영 수익(관광, 가공, 에너지 판매 등)까지 공유하는 구조로 설계된다.

3) 연금형 투자 모델

한국은 국민연금의 재정 불안, 개인연금의 취약성이라는 이중 과제에 직면해 있다. 이를 보완하기 위해, 연금형 사회적 투자 모델이 필요하다.

예를 들어, 은퇴자가 일정 자산을 신도시 사회적 펀드에 투자하면, 매월 배당금이 지급되는 구조다. 이는 단순히 투자자의 생활비를 보전하는 것을 넘어, 해당 자산이 지역 신도시의 사회 인프라—의료센터, 공동 급식, 돌봄 시설—를 운영하는 데 사용되도록 설계된다. 즉, 투자자가 곧 수혜자가 되는 순환형 구조다.

4) 공공·민간 연계 구조

사회적 금융이 현실화되려면, 공공과 민간이 긴밀히 연계되어야 한다. 정부는 법적 제도화와 세제 혜택을 제공하고, 지자체는 지역 기반 거버넌스를 구축하며, 민간 금융기관은 펀드 운용과 투자자 모집을 담당한다.

예컨대, 정부가 사회적 금융 투자에 세제 혜택을 주면, 베이비부머는 자산을 지방 신도시 펀드로 이전하는 것을 더 쉽게 결정할 수 있다. 민간 금융사는 안정적 운용을 보장하고, 지자체는 해당 펀드를 활용해 인프라를 구축한다.

5) 해외 사례와 한국적 적용

유럽의 경우, 사회적 금융은 이미 활성화된 제도다. 영국은 '소셜 임팩트 본드(Social Impact Bond)'를 통해 민간 자본을 사회 문제 해결 사업에 투자하고, 성과가 나오면 정부가 일정 수익을 보장하는 구조를 운영한다. 일본은 지방 금융기관과 농협이 협력해, 지역 농업·관광 펀드를 운영하는 사례가 많다. 한국도 이를 참고하여, 농협·지역 신용협동조합·지방은행이 사회적 금융의 핵심 채널이 될 수 있다.

6) 종합적 평가

사회적 금융과 펀드 모델은 단순한 자금 조달 수단이 아니라, 사회 계약의 새로운 형태다. 개인 자산이 지역 개발로 투자되고, 그 개발이 다시 개인의 생활 안정으로 환류되는 구조는, 한국 사회의 고질적 문제—연금 부족, 주택 중심 자산, 지방 소멸—을 동시에 풀어낼 수 있다.

결국 사회적 금융은 한국형 신도시 패러다임을 가능하게 하는 제도적 동력이며, 베이비부머 세대의 자산을 사회적 자산으로 전환하는 교량이다.

3절
공공-민간 파트너십(PPP)

신도시 개발과 6차 산업단지 조성은 막대한 초기 투자와 장기적 운영이 동시에 요구되는 사업이다. 단순히 정부 예산만으로는 감당하기 어렵고, 그렇다고 민간의 이윤 추구만으로는 공공성이 확보되지 않는다. 따라서 핵심은 공공성과 수익성을 동시에 보장하는 협력 구조, 곧 공공-민간 파트너십(PPP: Public-Private Partnership)의 구축이다.

1) PPP의 필요성
신도시는 단순한 부동산 개발 프로젝트가 아니라, 국가 전략 사업이다. 주거, 일자리, 복지, 에너지, 교통이 복합적으로 결합해야 하므로, 어느 한 주체만으로는 성과를 낼 수 없다.

- 정부는 법·제도와 초기 인프라(교통, 에너지, 공공시설)를 책임지고,
- 민간은 자본과 운영 효율성, 시장 감각을 제공하며,
- 지자체와 지역 주민은 거버넌스의 주체로 참여한다.

이렇게 삼자 구조가 맞물려야 신도시는 지속가능한 모델로 작동할 수 있다.

2) 역할 분담의 구체화
PPP의 성공은 각 주체가 자신의 강점을 살리면서도, 공통의 목표를 공유하는 데 달려 있다.

- 중앙정부: 법적·제도적 기반 마련, 세제 혜택 제공, 초기 사회간접자본(SOC) 투자.
- 지방정부: 지역별 특화 전략 수립, 주민과 협동조합 조직, 신도시 운영 관리.
- 민간기업: 자본 조달, 스마트팜·스마트팩토리·관광시설 건설 및 운영.
- 금융기관: 사회적 금융 펀드 설계와 운용, 안정적 투자 환경 조성.
- 지역 주민: 조합원·근로자·소비자로서 참여, 이익 배당을 통해 공동체 유지.

이 다층적 협력은 단순 계약 관계가 아니라, 공동 투자·공동 운영·공동 수익 배분 구조로 설계되어야 한다.

3) 위험 분담과 수익 공유

PPP에서 가장 중요한 것은 위험 분담과 수익 공유의 균형이다.

- 위험 분담: 정부는 법적 리스크를 완화하고, 민간은 시장 리스크를 감수하며, 지역은 운영 리스크를 분담한다.
- 수익 공유: 단순히 민간이 이익을 독점하는 구조가 아니라, 일정 부분은 지역 공동체 인프라(공동급식·의료·돌봄) 유지에 재투자하도록 제도화해야 한다.

이 구조가 없으면 PPP는 결국 민간 주도의 부동산 개발로 전락할 위험이 있다.

4) 해외 PPP 사례의 시사점

영국, 프랑스, 일본 등은 이미 PPP 모델을 활용해 신도시와 지역 개발을 추진한 경험이 있다.

- 영국 런던 도클랜즈: 민간 자본과 공공 정책이 결합해 낙후된 지역을 금융 중심지로 재탄생시켰다.
- 프랑스 리옹: 도시 재생 과정에서 공공–민간–주민 삼자 협력을 제도화하여 문화·산업 거점으로 성장시켰다.
- 일본 홋카이도 농촌 관광: 민간 기업이 숙박·관광을 운영하고, 지자체가 교통망과 홍보를 담당, 주민이 농촌 체험을 제공하는 3자 협력 구조가 성공적으로 정착했다.

한국도 이러한 사례를 참고해, 지방 신도시를 "공공–민간–주민"의 삼각 협력 거버넌스로 설계해야 한다.

5) 종합적 함의

PPP는 단순한 자금 조달 방식이 아니라, 사회적 신뢰를 제도화하는 장치다. 공공은 민간의 효율성을 흡수하고, 민간은 공공의 신뢰를 보장받으며, 주민은 단순 수혜자가 아니라 주체적 참여자가 된다. 이 삼각 구조가 작동할 때, 신도시는 일회성 개발 사업이 아니라 지속 가능한 공동체 프로젝트로 자리 잡는다.

결국 PPP는 한국형 신도시 패러다임 전환의 제도적 토대이자, 사회적 금융을 현실화하는 실행 메커니즘이다.

제3장
제도·정책적 과제

1절
도시계획·국토계획법 개선

　대한민국의 신도시 개발은 그동안 도시계획법과 국토계획법이라는 두 축의 법제 틀 속에서 진행되어 왔다. 그러나 이 법들은 기본적으로 주택 공급 확대와 토지 이용 규제를 중심으로 설계되었기 때문에, "주거 + 일자리 + 복지 + 문화"를 통합적으로 구현하려는 새로운 신도시 패러다임을 담아내기에는 한계가 크다. 따라서 법적 틀 자체의 개정과 재설계가 필수적이다.

1) 기존 도시계획법의 한계

　현행 도시계획법은 주로 용도지역 지정, 건폐율·용적률 규제, 기반시설 확보에 초점이 맞춰져 있다. 이는 산업화 시기, 급격한 인구 증가와 도시 팽창을 관리하는 데는 효과적이었다. 그러나 지금의 문제는 단순한 인구 수용이 아니라, 고령화·저출산·지방 소멸이라는 구조적 위기다.

예컨대, 현행 법제는 농촌형 신도시나 콤팩트 시티 같은 새로운 형태의 소규모 자립 도시를 제도적으로 정의하지 못한다. 결국 정책 실험이 이뤄지더라도, 법적 근거가 미약해 일회성 사업으로 끝날 위험이 크다.

2) 국토계획법의 제약

국토계획법은 국가 단위에서 토지 이용과 개발을 규율하지만, 여전히 수도권-지방 간 불균형을 보정하는 데 미흡하다. 수도권 규제와 완화가 반복되는 사이, 지방의 개발 권한은 제한적이었다. 특히 산지·농지의 활용에 관한 규제는 지방 신도시 패러다임을 추진하는 데 큰 장애가 된다.

예컨대, 국토의 70%가 산지임에도 불구하고, 산지를 활용한 생활-생산 복합형 도시 모델은 법제 상의 인정이 불분명하다. 결과적으로 지방은 수도권의 보조적 공간으로 머물고, 국토 균형 발전은 구호에 그치고 있다.

3) 개선 방향: 새로운 신도시 법제화

이제 도시계획법과 국토계획법은 단순히 토지 이용 규제 법령이 아니라, 미래 도시 전략을 구현하는 법제 틀로 전환되어야 한다. 개선 방향은 다음과 같다.

신도시 유형의 법적 정의

기존 "주택 공급형 신도시"를 넘어서, "생활·생산 자립형 신도시"를 법적으로 정의하고, 해당 모델에 맞는 지원·규제 체계를 마련해야 한다.

콤팩트 시티 도입 근거 마련

- 소규모·고밀·혼합형 도시 모델을 법적으로 인정하고, 이를 시범적으로 조성할

수 있는 제도적 특례를 부여한다.

농지·산지 활용 규정 개선
- 난개발을 방지하면서도, 6차 산업단지·스마트팜·스마트팩토리 같은 복합형 개발이 가능하도록 규제 체계를 재설계해야 한다.

지역 맞춤형 계획 권한 강화
- 중앙정부 중심의 획일적 계획에서 벗어나, 지자체가 자율적으로 신도시 계획을 수립할 수 있도록 권한을 부여한다.

4) 제도 개선의 사회적 함의

도시계획·국토계획법 개선은 단순히 개발 절차를 바꾸는 것이 아니다. 그것은 도시와 국토를 바라보는 관점 자체의 전환을 의미한다.

- "성장 관리" 중심에서 "삶의 질·균형 발전" 중심으로,
- "수도권 중심"에서 "지방 다핵 거점" 중심으로,
- "규제와 억제"에서 "실험과 혁신" 중심으로 이동해야 한다.

이 전환 없이는 신도시 패러다임은 선언적 구호에 그치게 된다. 법제 개선은 곧 한국형 신도시의 지속 가능성을 보장하는 제도적 안전망이다.

2절
농지·산지 규제의 재설계

대한민국 국토의 약 70%는 산지이며, 농지 역시 전체 국토의 20%가량을 차지한다. 그러나 현행 제도는 농지와 산지를 '보존'과 '규제'의 틀 속에 가둬 두고 있다. 농지는 농업 외 목적에 활용하기 어렵고, 산지는 사실상 개발 불가 지역으로 묶여 있다. 이러한 규제는 산업화 시기, 무분별한 난개발을 막고 식량 안보를 확보하는 데 일정한 역할을 했다. 하지만 오늘날의 현실에서는 농지와 산지를 활용하지 못하는 것이 오히려 국토 불균형과 지방 공동화의 원인으로 작용하고 있다.

1) 농지 규제의 현주소와 한계

농지법은 농업 외 목적의 농지 전용을 엄격히 제한하고 있다. 하지만 실제 농업 인구는 급감했고, 방치된 농지가 늘어나고 있다.

- **유휴농지**: 고령화로 인해 경작하지 못하는 농지가 전국적으로 확산되고 있다.
- **투기농지**: 일부는 실경작 없이 투기 대상으로만 활용되며, 생산적 기능을 상실하고 있다.
- **경작권 문제**: 소유자와 실제 경작자가 다른 경우가 많아, 농지의 효율적 이용이 저해된다.

결과적으로 '농지 보전'이라는 명분이, 현실에서는 '농지 방치'로 변질되는 경우가 적지 않다.

2) 산지 규제의 경직성

산지는 「산지관리법」에 따라 엄격히 보전된다. 무분별한 벌목과 난개발을 막는다는 점에서 필요하지만, 현실은 산지의 70% 이상이 '사실상 활용 불가 지역'으로 묶여 있다.

- 농업·관광·에너지 활용 잠재력이 있음에도, 법적 제약으로 인해 신도시 모델에 포함되지 못한다.
- 태양광, 풍력 같은 신재생에너지 시설도 환경 훼손 논란 때문에 쉽게 추진되지 못한다.
- 지역 주민은 소유권을 갖고 있어도, 실질적으로는 활용할 권한이 제한된다.

이러한 경직성은 산지를 국토의 사각지대로 만들고 있다.

3) 규제의 재설계 방향

농지와 산지 규제는 완화가 아니라, 재설계가 필요하다. 무분별한 전용을 허용하는 것이 아니라, 공공성·지속가능성·지역성을 기준으로 차등화해야 한다.

- 용도 복합화 허용
- 농지는 생산+가공+관광이 결합된 6차 산업 용도로 활용할 수 있도록 규제 완화.
- 산지는 경작·에너지·관광을 결합한 복합 개발을 허용하되, 난개발 방지 장치를 병행.
- 지역 단위 거버넌스 승인제
- 중앙정부 일괄 규제가 아니라, 지자체와 주민 협동조합이 계획을 수립하고 승

인하도록 권한을 위임.
- 이는 '농지·산지 활용 = 지역사회 자율'이라는 원칙을 확립하는 것이다.
- 환경·공공성 평가 기준 강화
- 개발을 허용하되, 환경영향평가와 공공성 평가를 의무화.

일정 비율은 공동체 시설(돌봄센터, 교육공간, 공공임대주택 등)로 환원하도록 조건 부여.

4) 사례 비교와 시사점

일본은 농지를 활용한 체험형 관광 농원, 산지를 활용한 임업·온천 관광이 제도적으로 허용되어 지역 경제의 중요한 축이 되었다.

유럽은 '멀티펑셔널 애그리컬처(Multifunctional Agriculture)'라는 개념을 통해 농지를 단순한 경작지가 아니라, 생태·교육·관광 공간으로 인정한다.

한국도 마찬가지로, 농지와 산지를 보전 일변도에서 활용과 보전의 균형으로 전환해야 한다.

5) 종합 평가

농지와 산지는 더 이상 규제의 대상만이 아니라, 미래 신도시의 토대가 될 수 있다. 농지는 6차 산업의 중심 무대가 되고, 산지는 콤팩트 시티의 입지 자원이 된다. 따라서 규제 재설계는 단순히 법률 조항의 손질이 아니라, 한국 국토 이용의 패러다임 전환을 의미한다.

3절
정부·지자체·민간의 역할 분담

신도시 패러다임 전환과 6차 산업단지·콤팩트 시티 구상은 단일 주체만으로는 실현 불가능하다. 국토 정책의 최상위 기획자인 정부, 지역 현장의 집행자이자 주민과 직접 맞닿아 있는 지자체, 그리고 자본과 실행력을 가진 민간이 서로 다른 강점을 결합해야 한다. 여기서 중요한 것은 역할의 분담과 조율이다. 어느 한쪽이 과도한 권한을 독점하면 실패하거나 왜곡될 가능성이 크다.

1) 중앙정부: 전략과 제도 설계

중앙정부는 국가 차원에서 거시적 전략과 제도적 기반을 마련하는 역할을 맡는다.

- 법·제도 정비: 도시계획법, 국토계획법, 농지법, 산지관리법을 개정하여 새로운 신도시 유형을 법적으로 인정해야 한다.
- 재정 지원: 초기 인프라—교통, 에너지, 의료, 교육 시설—를 구축할 수 있도록 국비를 지원한다.
- 균형 발전 전략: 수도권 규제와 지방 활성화를 병행하는 종합 전략을 수립한다.

즉, 중앙정부는 비전 제시자이자 제도 설계자로서 방향성을 제시하고 기반을 닦는다.

2) 지방정부: 현장 집행과 거버넌스

지방정부는 실제로 신도시가 뿌리내리는 현장의 주체다.

- 지역 맞춤형 기획: 각 지역의 산업·문화·지리적 특성을 반영한 신도시 모델을 수립한다.
- 주민 거버넌스 구축: 협동조합·사회적 기업·마을 공동체를 조직하여 주민이 단순 수혜자가 아니라 주체로 참여하도록 한다.
- 운영 관리: 신도시 건설 이후에도 생활·생산 시스템이 지속되도록 장기적 운영 계획을 수립한다.

즉, 지방정부는 집행자이자 운영 관리자로서 중앙정부의 전략을 지역 현실에 맞게 구현한다.

3) 민간: 자본과 실행력 제공

민간은 자본 조달과 실행력이라는 측면에서 결정적 역할을 한다.

- 투자: 금융기관, 기업, 개인 투자자가 사회적 금융·PPP 구조를 통해 자금을 공급한다.
- 기술과 운영: 스마트팜·스마트팩토리·관광 시설 같은 첨단 기술과 경영 노하우를 제공한다.
- 시장 연결: 생산물과 서비스를 국내외 시장과 연결해, 신도시의 자립성을 강화한다.

민간은 단순한 이윤 추구가 아니라, 공공성과 사회적 가치를 동시에 고려하는 방향으로 유도되어야 한다.

4) 삼자 협력의 핵심 원리

　정부·지자체·민간의 역할 분담은 단순한 기능 나눔이 아니라, 삼자 협력의 원리에 기반해야 한다.

- 공동 목표 공유: 단순한 주택 공급이 아니라, 삶의 질 향상과 지역 자립이라는 목표를 공유한다.
- 위험과 수익의 분담: 정부는 제도 리스크를 완화하고, 민간은 투자 리스크를 감수하며, 지자체는 운영 리스크를 담당한다.
- 투명성과 참여성: 의사결정 과정에서 주민이 배제되지 않고, 모든 주체가 정보와 성과를 공유한다.

5) 종합 평가

　정부는 전략과 제도, 지자체는 현장과 거버넌스, 민간은 자본과 실행력이라는 고유한 기능을 수행할 때, 신도시는 비로소 지속 가능한 구조로 자리 잡을 수 있다. 이 세 주체가 균형을 이루지 못하면, 신도시는 과거처럼 공급 중심 개발이나 단기 이익 추구로 전락할 위험이 크다.

　결국 역할 분담은 단순 행정 절차가 아니라, 한국형 신도시 패러다임의 지속 가능성을 보장하는 사회적 계약이라 할 수 있다.

제 5부

미래 전망과 결론

05

미래 전망과 결론

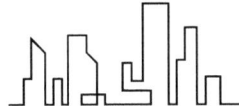

제1장
한국형 신도시 모델의 글로벌 확산

1절
동북아 적용 가능성(중국·몽골·러시아)

한국형 6차 산업·콤팩트 시티 모델은 단지 국내에 머물 수 있는 구상에 그치지 않는다. 인구 고령화, 수도권 과밀, 지방 소멸은 동북아시아 국가들이 공통적으로 겪고 있는 과제다.

중국 동북 3성: 급속한 산업 쇠퇴와 인구 유출로 위기에 처한 지역에 농업·관광 융합형 신도시 모델을 적용할 수 있다.

몽골: 유목 경제의 한계를 넘어, 농업·에너지·관광을 결합한 복합형 거점을 개발할 수 있다.

러시아 연해주: 한국·러시아 협력 프로젝트로, 자원 기반과 한국형 스마트 기술을 접목한 신도시 모델이 가능하다.

한국은 이들 국가와 역사적·지리적·경제적 연계가 깊기 때문에, 신도시 모델을 한류(K-Compact City) 형태로 수출할 수 있다.

2절
개발도상국 도시정책과의 접점

한국은 불과 반세기 만에 농업국에서 산업국, 다시 디지털 경제국으로 전환한 독특한 경험을 가진 나라다. 이 경험을 바탕으로 제안되는 신도시 모델은, 아시아·아프리카·남미의 개발도상국 도시정책에도 적용될 수 있다.

특히 "주거+일자리+복지 결합형 도시"라는 개념은, 주택 부족·실업·빈곤이 동시에 나타나는 개발도상국에서 실질적 대안이 될 수 있다. 한국형 모델은 단순 건설 수출이 아니라, 사회적 모델 수출로서 의미를 가진다.

3절
K-Compact City 브랜드화

이제 신도시는 단순한 국내 정책이 아니라, 브랜드가 될 수 있다.

- K-POP, K-FOOD, K-CULTURE에 이어, K-Compact City가 한국의 새로운 국가 브랜드가 될 가능성이 있다.
- ICT 기반, 고령화 사회 대응, 국토 불균형 해소라는 문제를 풀어낸 한국형 신도시는, "사람 중심의 지속가능 도시"라는 새로운 국제 표준이 될 수 있다.

이는 한국의 외교·경제적 소프트 파워를 확대하는 전략적 자산으로도 기능한다.

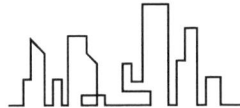

제2장
신도시의 새로운 패러다임

1절
주거+일자리+복지의 결합

결론적으로, 한국형 신도시 모델은 기존 신도시가 실패한 이유—주택만 공급하고 삶은 제공하지 못한 점—을 넘어선다. 주거, 일자리, 복지, 문화가 결합된 도시야말로 고령화·수도권 과밀·지방 소멸 문제를 동시에 풀어낼 수 있는 대안이다.

2절
고령사회·수도권 집중의 해법

한국 사회가 직면한 두 가지 구조적 위기, 고령사회와 수도권 집중은 별개의 문제가 아니라 서로 얽혀 있다. 베이비부머의 자산 가난은 수도권 아파트 중심 자산 구조와 맞물려 있고, 지방 공동화는 수도권 과밀의 결과다. 새로운 신도시는 이 두 문제를 동시에 해결하는 교차점이 된다.

- 고령층에게는 경량 노동과 소득을,
- 청년층에게는 창업과 지역 정착 기회를,
- 지방에는 자립형 산업 기반을 제공한다.

3절
미래 도시 비전과 남겨진 과제

그러나 이 모든 구상은 선언에 그쳐서는 안 된다. 실행을 위한 제도 개혁, 사회적 금융 확립, 주민 참여 거버넌스, 국제 협력 모델이 뒤따라야 한다.

- 법제 개선: 도시계획·국토계획법을 개정하여 새로운 신도시 유형을 법적으로 보장.
- 재원 조달: 베이비부머 자산 전환과 사회적 금융을 결합한 안정적 재원 확보.
- 지역 참여: 지자체와 주민 협동조합이 중심이 되는 거버넌스 체계 확립.
- 국제적 연계: K-Compact City를 동북아·개발도상국 도•시정책과 연결.

궁극적으로 신도시는 단순한 주택 정책이 아니라, 한국 사회의 새로운 사회계약을 설계하는 작업이다.

종합 결론

　대한민국은 지난 수십 년간 주택 공급 중심 신도시 정책을 통해 양적 성과를 이루었지만, 질적 삶의 기반은 구축하지 못했다. 이제는 주거·일자리·복지·문화가 통합된 생활 자립형 신도시로 나아가야 한다.

　6차 산업 × 콤팩트 시티의 결합은 고령화 사회의 활로이자, 수도권 집중을 해소하고 지방을 재생시키는 전략이다. 더 나아가, 한국형 신도시는 글로벌 도시정책의 대안으로 확산될 수 있다.

　이 책은 단순히 도시개발 담론이 아니라, 한국 사회의 구조적 위기에 대한 종합 해법을 제시한다. 집은 많아졌으나 삶은 팍팍해진 오늘, 우리는 신도시를 다시 정의해야 한다. 그것은 단순한 '거주의 공간'이 아니라, 새로운 삶의 방식을 담는 플랫폼이다.

에필로그

집에서 삶으로, 도시에서 미래로

대한민국은 지난 반세기 동안 집을 짓는 데 열중했다. 고속도로 옆에는 아파트 숲이 세워졌고, 강남의 평당가는 신화처럼 오르내렸다. 그러나 정작 우리가 묻지 못한 질문이 있다. "집은 늘어났는데, 삶은 풍요로워졌는가?"

도시는 잠을 자는 공간이 되었고, 주택은 자산의 수단이 되었으며, 노년은 소득 없는 긴 터널로 내몰렸다. 수도권은 넘쳐나고 지방은 비어가며, 집이 자산임에도 현금이 없는 자산 가난이 한국 사회의 초상을 비추고 있다.

이 책은 바로 그 질문에서 출발했다. 우리는 주택을 넘어, 삶을 설계해야 한다. 우리는 도시를 넘어, 공동체를 재구성해야 한다. 그리고 우리는 국토를 넘어, 미래 세대와의 사회 계약을 다시 써야 한다.

6차 산업과 콤팩트 시티는 그 새로운 언어다. 그것은 단순한 개발 구호가 아니라, 일자리와 복지, 주거와 문화, 개인과 공동체를 하나로 묶는 비전이다. 노인은 일할 수 있는 가벼운 노동을 얻고, 청년은 귀농과 창업의 기회를 찾으며, 도시는 관광과 콘텐츠를 통해 활력을 얻는다. 한국 사회의 삼중 위기—고령화, 수도권 집중, 지방 소멸—는 이 새로운 모델 속에서 교차점을 찾는다.

그러나 미래는 주어지지 않는다. 그것은 선언이 아니라 실행이고, 비전이 아니라 실천이다. 제도와 금융, 정책과 거버넌스, 그리고 무엇보다도 시민들의 참여가 이 비전을 현실로 만든다.

우리는 이제 선택의 기로에 서 있다.

더 많은 아파트를 지을 것인가, 아니면 삶을 담는 도시를 만들 것인가. 더 많은 규제로 시간을 낭비할 것인가, 아니면 산지와 농지를 미래 자원으로 바꿀 것인가. 더 많은 수도권 집중을 방치할 것인가, 아니면 지방을 새로운 중심으로 키워낼 것인가.

미래는 멀리 있지 않다. 그것은 우리가 짓는 한 채의 집, 우리가 시작하는 한 개의 마을, 우리가 선택하는 한 번의 정책 속에서 이미 열리고 있다. 이제 우리는 알게 되었다. 집은 삶을 담아야 하고, 도시는 미래를 품어야 한다.

그 길 위에서, 한국 사회는 다시 태어날 수 있다.